C'EST ÉCRIT DANS LES ÉTOILES

Titre original : *You Were Born For This*
Publié pour la première fois aux États-Unis par HarperOne.

Traduit de l'anglais par Sandrine Nahmias.

ISBN : 978-2-8132-2526-9

www.editions-tredaniel.com
info@guytredaniel.fr
www.facebook.com/editions.tredaniel
@editions_tredaniel

Chani Nicholas
BEST-SELLER DU *NEW YORK TIMES*

C'EST ÉCRIT DANS LES ÉTOILES

ANALYSER SON THÈME ASTRAL ET S'ACCEPTER TEL QUE L'ON EST

Guy Trédaniel éditeur
19, rue Saint-Séverin
75005 Paris

Ce livre, cette vie, ce travail n'existeraient pas sans mon amour, ma meilleure amie, ma partenaire en toutes choses, mon épouse.

Sonya Priyam Passi.

Tu me recueilles au quotidien. Tu me captives à l'infini. Tu m'inspires l'envie de découvrir ce qui est possible et ce qui est au-delà. Tu as un courage et une compassion incomparables. Tu es ma Fortuna, ma plus grande bénédiction, et ma vocation. Je remercie le ciel pour ton existence à chaque instant de chaque jour.

Ton amour est la force la plus puissante que j'aie jamais connue. Il a fait de chaque blessure une leçon, de chaque déchirement un épisode qui ne me contrôle plus, de chaque obstacle une opportunité. C'est une force invincible qui m'enveloppe, me protège et m'élève. Être ta partenaire est mon plus grand privilège, mon honneur et mon cadeau le plus précieux.

Je sais que chaque jour que j'ai vécu avant de te connaître a servi à me préparer pour toi. Notre rencontre a activé mon potentiel d'une façon que je n'aurais jamais pu imaginer. Ce n'est pas un hasard si toutes les pièces du puzzle de ma vie ont trouvé leur place lorsque nous nous sommes unies. Merci de m'avoir trouvée, de m'avoir gardée, et d'avoir créé cette vie incroyable avec moi.

SOMMAIRE

INTRODUCTION

ÊTRE VU

Ma rencontre avec l'astrologie marque la première fois où je me rappelle m'être sentie vue. J'avais huit ans. Je vivais dans un petit village blotti au pied des montagnes Rocheuses, entourée à la fois par l'incommensurable beauté de la nature et le naufrage impitoyable de l'addiction. J'ai passé une grande partie de mon enfance seule. Pendant que les adultes autour de moi s'abandonnaient dans la débauche de la fête et de l'autodestruction, je regardais le *Cosby Show* et rêvais d'une vie avec des parents, des frères et sœurs, des grands-parents et une lignée à laquelle j'appartiendrais. Quand la fête arrivait jusqu'à la maison, c'est une autre forme de solitude que j'éprouvais. Une overdose, un accident fatal, un coup de feu, une condamnation. À l'âge de cinq ans, je connaissais déjà le goût de la cocaïne. Je savais que je ne devais parler à personne de ce qui se passait chez moi. J'étais terrorisée en permanence. Alors je me cachais. Je me cachais dans n'importe quelle salle de bains qui fermait à clé. Je me cachais à l'intérieur d'une personnalité que je m'étais forgée, détachée, sarcastique et distante. Je me cachais pour protéger mon être atrocement sensible et poreux contre le tranchant des peines adultes qui engloutissaient mon enfance.

Tandis que ceux qui m'entouraient semaient le chaos, il n'était pas rare que je me retrouve dans une cabane de fortune au bout d'un chemin de terre, avec des grandes personnes dont la compagnie m'insupportait, témoin d'événements que j'étais incapable d'appréhender ou de gérer. J'étais dans une situation de ce genre ce jour fatidique où j'ai rencontré l'astrologie. Une parfaite inconnue, une femme blanche et maigre aux cheveux hirsutes et au regard mal-aimé, m'a offert un cadeau que je n'ai jamais oublié. Munie de ma seule date de naissance, elle a recherché la localisation des planètes le jour où je suis née, m'a regardée avec une lueur dans les yeux et m'a dit : « Tu es beaucoup dans le jugement. »

Oui. Oui, je le suis, ai-je pensé fièrement.

Je ne savais pas vraiment ce que ce mot signifiait réellement, mais ce qu'il impliquait a immédiatement éveillé un écho en moi. Cette femme me distinguait de mon environnement. Elle voyait que j'avais un certain discernement qui manquait aux personnes qui m'entouraient. J'étais capable de jugement et, grâce à lui, j'arriverais à me sortir de ce pétrin.

Bien que je ne l'aie jamais revue, ce bref échange m'a donné quelque chose à quoi m'accrocher. Ce n'était peut-être qu'un simple fil, mais c'était tout ce que j'avais, et pour moi c'était comme un fil d'or. Dans une situation qui menaçait de m'anéantir, quelqu'un avait consulté un livre de symboles et de nombres et, au moyen de l'astrologie, avait mis au jour une vérité à mon sujet qui me sauverait la vie.

Être vu, c'est essentiel pour notre humanité, notre développement et notre capacité à dépasser les traumatismes auxquels nous avons survécu. Or, l'astrologie, employée à bon escient, nous offre un miroir qui reflète à la fois le meilleur de nous-même et notre potentiel de croissance.

L'ACCEPTATION RADICALE DE SOI

À douze ans, j'ai reçu la première interprétation complète de mon thème de naissance. Mon père venait de déménager de l'autre côté du pays, à Toronto, avec ma seconde belle-mère, une femme avec laquelle j'avais grandi. J'avais passé beaucoup de week-ends avec elle et ses deux enfants. Nos enfances étaient parallèles. Nos parents avaient fait la fête, travaillé et titubé au bord de la folie ensemble. Nous avions été témoins de certains des moments les plus douloureux de nos vies respectives et nous avions survécu. Le fait que mon père et leur mère avaient fui le petit village dans lequel nous avions grandi signifiait qu'ils étaient prêts à abandonner (au moins en partie) la violence, les drogues et l'autodestruction auxquelles nous avions tous été tant mêlés.

Les liens traumatiques qui nous unissaient étaient solides et, l'espace d'un instant, on aurait dit qu'ensemble nous pourrions peut-être guérir le déchirement collectif de la décennie passée. Nous étions une bande hétéroclite en état de choc, une famille de marginaux en quête d'une nouvelle chance dans la vie au cœur de la grande ville.

Ma nouvelle belle-grand-mère, Anita, était maître reiki. En plus d'être la guérisseuse la plus captivante, la plus magique, la plus spirituelle et la plus franche que j'aie jamais rencontrée, elle avait une collection d'amis qui étaient tout aussi doués dans les arts de la guérison et tout aussi farfelus qu'elle. Elle était entourée de médiums, d'astrologues, d'explorateurs de vies passées, d'artistes et autres, et moi aussi je profitais de leur compagnie quand j'avais la chance de passer du temps à Toronto. Toutes les personnes que je rencontrais à travers elle semblaient s'être dédiées à mener une existence moins néfaste. Elles passaient leur temps à développer leurs pratiques de guérison, et leur fréquentation me faisait entrevoir une autre façon d'être.

Peu de temps après le déménagement, Anita a offert à la famille une consultation avec Taina Ketola, une astrologue qu'elle connaissait et avec laquelle elle avait travaillé. Taina vivait dans une bourgade aux abords de la ville, dans une maison d'apparence normale, dans un lotissement sobre de banlieue. À l'intérieur, le monde qu'elle a construit pour moi était tout le contraire. Dès qu'elle a commencé à nous décrire un par un, j'ai été subjuguée. C'est la première fois que j'entendais ce langage symbolique, mais j'avais la sensation de l'avoir toujours connu. Expliquant les subtilités de nos thèmes avec une grande maîtrise et beaucoup d'humour, elle m'a aidée à comprendre comment et pourquoi chacun d'entre nous gérait la situation dans laquelle nous nous trouvions différemment, et comment chacun ferait face à la vie en général. Les distinctions qu'elle a pu faire entre nous m'ont aidée à me comprendre moi-même en relation avec tous les autres, ce qui est toujours utile mais, au sein d'une nouvelle cellule familiale, essentiel. Elle avait écrit un livre, *The New Astrology*, que mon père m'a acheté. Il devint ma bible. Pour moi qui étais une enfant en quête de sagesse et de direction en tout genre, l'astrologie devint une obsession immédiate et absolue, mais ce n'est que des décennies plus tard que je finirais par l'accepter comme ma voie.

Je suis de ceux qui s'épanouissent sur le tard. Sur le très tard, même. Les astrologues m'avaient prévenue que cela pourrait être le cas étant donné la position de Saturne dans mon thème, mais il est difficile d'en comprendre les implications concrètes quand on entend cela à un jeune âge. J'étais pleine de volonté, mais les seuls débouchés que je connaissais étaient la psychothérapie, les ateliers reiki avec Anita, les rituels spirituels, les livres de développement personnel, les affirmations, les méditations, les épisodes d'*Oprah*, et l'astrologie. J'ai passé la majeure partie de ma vingtaine dans un incubateur de guérison. Pour subvenir à mes besoins, je faisais des travaux d'utilité collective, des consultations d'astrologie, des sessions de reiki, beaucoup de jobs de serveuse, de barmaid, d'intérim, et tout ce qui me permettait de payer les factures. Même si je savais que les consultations d'astrologie étaient un moyen de gagner de l'argent, je ne me sentais pas suffisamment forte émotionnellement, psychologiquement et structurellement pour le faire. Par ailleurs, le fait de me consacrer exclusivement à l'interprétation de thèmes ne m'a jamais vraiment suffi. Même si c'est pour moi un honneur d'interpréter les thèmes des gens, j'ai toujours su que j'aspirais à un débouché plus large que le travail en individuel. Mais avant l'apparition des médias sociaux, ces débouchés n'étaient réservés qu'au petit nombre. Mon activité telle qu'elle existe aujourd'hui n'aurait pas été possible à mes vingt ans. Parfois, on s'épanouit sur le tard parce que le monde a du retard sur nous.

La vérité, c'est que je me suis sentie perdue la majeure partie de ma vie professionnelle. Arrivée à la trentaine, je travaillais beaucoup, enseignant le yoga à des gens issus de tous types de milieux et de situations – que ce soient des célébrités, des patients atteints de cancers, des sans-abri ou des personnes internées dans des systèmes d'incarcération de masse. J'exerçais une activité dans le domaine de la guérison, mais je me sentais malgré tout inaccomplie. Je n'incarnais pas le but de ma vie, et cela me hantait. Je ne voulais pas faire partie du complexe industriel du yoga. Je ne voulais pas enseigner une discipline spirituelle et physique provenant d'une culture qui n'était pas la mienne. Je ne voulais pas être une femme blanche de plus faisant de l'appropriation culturelle avec la spiritualité indienne. Je n'arrêtais pas de chercher ce que je pourrais faire. Je me lamentais. Je vivais une situation difficile et j'en éprouvais de l'amertume.

Pendant ce temps, je rêvais constamment des planètes. Quand j'évoquais l'astrologie en analyse, ma psy me disait : « Vous savez, chaque fois que vous parlez d'astrologie, vous vous illuminez, l'énergie arrive dans la pièce, tout votre être se transforme. » Je la fixais alors le regard vide, agacée qu'elle ne comprenne pas la crise que je vivais.

J'étais profondément frustrée, vraiment fauchée, et je ne rajeunissais pas. Alors, j'ai fait ce que fait toute personne d'une trentaine d'années qui ne sait pas comment continuer sa vie.

J'ai repris mes études.

J'ai terminé ma licence au CIIS de San Francisco, où un groupe d'enseignants remarquables, réfléchis et pleins de compassion ont contribué à réveiller en moi mon besoin de m'impliquer dans la justice sociale ainsi que la nécessité et l'amour de l'écriture. À ce moment-là, les médias sociaux étaient en train de transformer notre façon de communiquer, ce qui m'a permis de renouer avec l'astrologie sous une autre forme.

Je ne voulais pas être astrologue ; dans mon esprit, ce n'était pas une « vraie » profession. Je voulais avoir une activité respectable. Ayant grandi dans un village saturé de faux-semblants et d'évasion, j'aspirais à un métier qui m'ancrerait dans le monde et qui aurait une utilité réelle et concrète pour les autres. Comment l'astrologie pourrait-elle m'apporter cela ?

Les planètes avaient de la suite dans les idées. Elles continuaient de me rendre visite en rêve comme elles l'avaient toujours fait, mais elles se faisaient entendre plus fort et avec plus d'autorité, allant jusqu'à me réveiller en terreur au milieu de la nuit. Il semblait que le seul moyen de les faire taire eût été de m'y soumettre. Munie d'un blog et de mes premiers horoscopes maladroits et confus, j'ai commencé à écrire – pas par conviction que mon style de développement personnel astro-politique plairait à qui que ce soit (j'étais au contraire certaine qu'il serait détesté), mais parce que j'avais la sensation que si je ne canalisais pas tout ce qui s'éveillait en moi, cela se retournerait contre mon organisme.

Il me fallut encore quelques années de doute, quelques tentatives ratées de trouver une carrière sérieuse ailleurs et l'abandon de trois maîtrises universitaires, avant de décider enfin de m'y lancer à corps perdu. Je m'étais épuisée. J'avais essayé toutes les autres pistes imaginables. Je revenais sans cesse à ce que ma psy et d'autres m'avaient déjà dit. C'est là que se trouvait l'énergie. Quand je parlais d'astrologie, je m'animais. C'est une chose que je pouvais facilement ignorer étant plus jeune, mais avec l'âge j'ai réalisé à quel point c'est rare. Quand nous nous tournons vers ce qui nous donne du sens, de l'énergie et de l'enthousiasme, nous devenons un vecteur de ces qualités.

L'écriture d'horoscopes m'apportait un lien avec le monde extérieur. J'étais toujours célibataire, je n'avais pas vraiment construit quoi que ce soit sur le plan familial et je me sentais terriblement seule la plupart du temps, mais avec l'écriture je vivais (et je vis encore) une histoire d'amour. J'étais en train de me tailler une place dans le monde, et je pressentais que c'était le début de quelque chose que j'avais cherché toute ma vie. Deux ans après avoir commencé à rédiger mes horoscopes, je me suis mise à étudier formellement l'astrologie traditionnelle avec Demetra George. C'est alors que je me suis rendu compte que l'astrologie, les pratiques rituelles et le travail avec les personnes tel que je commençais à l'exercer apparaissaient explicitement dans mon thème natal. C'était clair comme de l'eau de roche. Il fallait juste que je le voie, que je l'accepte et que je me l'approprie. Peu de temps après, j'ai rencontré la femme qui deviendrait mon épouse, et toutes les pièces du puzzle de ma vie ont rapidement trouvé leur place.

Plus que toute autre démarche, l'astrologie m'a aidée à accepter mon passé, mon présent et mon potentiel à venir, radicalement et en toute certitude. Ce livre vous est offert dans l'espoir qu'il valide vos désirs les plus profonds et toutes vos aspirations pour votre vie, tout en vous mettant au défi d'accepter la responsabilité de les concrétiser.

I

VOTRE THÈME NATAL

LE PLAN DE VOTRE POTENTIEL

Votre thème natal est un cliché du ciel à l'instant où vous avez pris votre premier souffle. Il marque votre arrivée ici sur Terre ; un plan céleste, en quelque sorte, qui porte les clés du sens de votre vie. L'astrologie populaire s'est essentiellement focalisée sur un seul fragment de l'alphabet astrologique : le signe solaire. Or, si le Soleil se trouvait, par exemple, en Sagittaire à l'heure de votre naissance, cela ne constitue qu'une fraction de ce qui se produisait dans le ciel à ce moment-là. Chaque planète et chaque signe se situent quelque part dans votre thème. L'astrologie représente l'intégralité de la vie et, à ce titre, rien ne lui échappe. Vous n'êtes pas juste Vierge, Gémeaux ou Balance ; vous êtes un instant dans le temps, et chaque signe, chaque planète et chaque point contribuent à déterminer la personne que vous êtes, la façon dont vous évoluez dans le monde et ce que vous êtes venu faire ici.

Le motif constellé dans les cieux au moment de votre premier souffle constitue l'empreinte cosmique de votre âme, la carte du voyage que vous entreprendrez dans cette vie et les chemins que vous emprunterez. Que Mars occupe une place de choix dans votre thème – suscitant chez vous la controverse et des actes de bravoure – ou que Jupiter soit en charge de la direction de votre vie – vous encourageant à ouvrir des portes par le biais de l'optimisme et de la générosité –, vous êtes, comme toute personne et toute chose ici présentes, une amulette à la portée céleste.

Les positions des planètes dans votre thème natal révèlent la nature de votre vie sans y attacher aucune forme de jugement. Votre constitution astrologique est un reflet neutre de votre vie, semblable à un miroir. Seule la personne qui observe le reflet le juge ; le miroir se contente de révéler ce qui est là. L'astrologie nous rappelle que nous sommes exactement tels que nous sommes censés être, et à juste titre. À dessein et avec une raison d'être que nous nous devons d'incarner si nous souhaitons connaître l'accomplissement.

LES TROIS CLÉS DE VOTRE THÈME

Dans tout thème natal, il y a trois clés qui explicitent fondamentalement le but de votre vie, vos besoins physiques et émotionnels et la motivation de votre existence. En ce qui me concerne, il est presque gênant d'admettre que le sens de mon thème ne m'est pas apparu clairement avant la fin de la trentaine. Je m'y étais plongée pendant des décennies. Je m'étais égarée dans d'innombrables méandres en essayant d'appréhender ses recoins les plus obscurs. J'avais consulté de nombreux astrologues de talent mais, tant que je ne disposais pas des outils de l'astrologie traditionnelle et que je ne savais pas analyser mon thème à travers ces trois clés simples, j'étais incapable de percevoir le plan de ma vie tel que celles-ci le dessinaient. Les spécificités de mon potentiel n'étaient que de vagues références à un avenir qui semblait constamment m'échapper. C'est pour cela que l'enseignement de ces outils pour comprendre votre thème me passionne tant.

Les trois clés sont :

1. ☉ **Le Soleil** – le but de votre vie.

2. ☾ **La Lune** – vos besoins physiques et émotionnels.

3. **L'ascendant et son maître** – la motivation de votre existence et la direction dans laquelle est guidée votre vie.

D'ici la fin de ce livre, vous connaîtrez chacune de ces trois clés dans votre thème et détiendrez les outils pour les décrypter. Elles deviendront un point d'ancrage pour la compréhension de vous-même, de votre vie et de son sens, et vous aideront à développer votre capacité à vous aimer et à vous accepter tel que vous êtes. Comprendre son thème astrologique, c'est une porte d'entrée ; la franchir requiert des efforts qui n'appartiennent qu'à nous.

La position du Soleil dans votre thème détaille la nature et l'endroit de votre rayonnement. La position de la Lune dans votre thème révèle la meilleure manière de déployer le but de votre vie au quotidien, en apportant beaucoup de soin et d'attention aux besoins physiques et émotionnels qui vous sont propres. Le signe de votre ascendant décrit la motivation spécifique de votre existence. La planète qui régit votre ascendant vous informe sur la direction dans laquelle votre vie est guidée.

Tous les autres éléments de votre thème viennent soit soutenir soit s'opposer à ces clés, et, en ce qui nous concerne ici, sont secondaires.

LE CALCUL DE VOTRE THÈME

Rendez-vous sur mon site www.ChaniNicholas.com (en anglais) pour calculer votre thème natal. Il vous faudra le jour, le mois, l'année, le lieu et l'heure de votre naissance pour calculer un thème natal précis. En astrologie, le temps, c'est tout. Plus vous fournirez une heure de naissance précise, plus votre thème sera précis. Si vous devez faire des recherches pour obtenir l'heure exacte de votre naissance, cela en vaut vraiment la peine.

ET SI VOUS NE CONNAISSEZ PAS L'HEURE DE VOTRE NAISSANCE ?

Si vous ne vous souvenez pas de l'heure de votre naissance, vérifiez si elle se trouve sur votre acte de naissance. Si ce n'est pas le cas, je vous conseille de réclamer une copie intégrale de votre acte de naissance en demandant explicitement que votre heure de naissance y soit stipulée. Vous pouvez aussi contacter l'hôpital où vous êtes né pour consulter le registre des naissances. À défaut, avez-vous un proche ou un ami de la famille qui pourrait s'en souvenir, ou encore un album de naissance où figurerait cette information ?

Si vous ne parvenez pas à obtenir votre heure de naissance par ces moyens, il vous reste deux possibilités. La première est la rectification, un procédé qui consiste à tenter de déterminer votre heure de naissance à partir de toutes les données dont vous disposez et de la datation des événements de votre vie dont vous êtes certain. Cette démarche est quelque peu longue et coûteuse, et elle ne saurait garantir votre heure de naissance, mais de nombreuses personnes sont satisfaites des résultats. Vous pouvez trouver un astrologue qui réalise cette prestation et qui vous aidera à déterminer l'heure approximative de votre naissance au moyen des événements de votre vie les plus importants dont vous vous souvenez.

La seconde possibilité est de faire avec ce que vous avez, sachant que votre travail astrologique sera bien moins spécifique. Vous ne connaîtrez pas les maisons occupées par vos planètes et vos signes, mais vous obtiendrez malgré tout de nombreuses informations sur les atouts et les défis de votre constitution astrologique, car vous pourrez observer les signes dans lesquels sont placées vos planètes et les relations que ces dernières forment entre elles. Vous ne connaîtrez pas votre ascendant, ni le maître de votre ascendant – l'une des clés présentées dans ce livre. Toutefois, la connaissance des positions de votre Soleil et de votre Lune, et de leurs relations avec les autres planètes de votre thème, vous fournira déjà un grand nombre de données astrologiques précieuses. La configuration du ciel vous révélera malgré tout des informations utiles et spécifiques sur la vocation de votre vie.

Il est important de vous familiariser avec l'intégralité de votre thème, sans vous limiter à une liste des signes occupés par les planètes au moment où vous êtes né. Cette liste a son utilité, mais quelque chose s'éveille en nous lorsque nous voyons le diagramme du ciel à l'instant de notre premier souffle. Pouvoir localiser les planètes dans les maisons et observer les connexions qu'elles forment entre elles, c'est cela apprendre l'astrologie.

La première fois que vous verrez votre thème, vous pourrez vous sentir dépassé par la quantité de motifs qui s'y trouvent. Du temps est parfois nécessaire pour assimiler chaque information nouvelle. Acceptez cette entreprise pour ce qu'elle est : un cheminement, pas un exercice à maîtriser ou à accomplir avec précision du premier coup. Si certaines prises de conscience ont lieu rapidement, d'autres requièrent un temps bien plus long.

Ce processus exige de la patience, de la compassion et de l'humilité. Nombre d'entre nous viennent à l'astrologie en quête d'eux-mêmes. En quête du sens de notre vie. En quête d'indices pour savoir ce que nous sommes venus faire ici et si nous sommes sur la bonne voie. Votre thème astral vous révélera tout cela et bien plus encore si vous avez la patience d'apprendre son langage et de parcourir ses chemins parfois tortueux pour atteindre les réponses tant attendues.

D'après Demetra George, l'astrologie, à l'image d'autres sagesses ancestrales, est un système autosecret, c'est-à-dire que tant que l'étudiant n'est pas prêt à apprendre, les enseignements ne sont pas totalement accessibles. Tant que nous ne sommes pas ouverts à la compréhension de nous-même et de notre thème, celle-ci nous échappera. L'astrologie, comme toute pratique de guérison, fonctionne mieux avec le temps et la superposition d'informations. L'astrologie est un langage symbolique qui s'adresse simultanément à notre cerveau logique et à notre inconscient. Dès que vous serez prêt, elle vous inondera de ses révélations, mettant en lumière les archétypes que vous incarnez, les leçons qu'ils vous enseignent et les manières dont vous pouvez canaliser l'énergie dans votre vie. Les éclairages dont nous avons besoin peuvent parfois prendre des années avant de nous parvenir, mais ils le font toujours exactement au bon moment.

Même quand nous comprenons les mots prononcés à notre endroit, il peut être difficile de saisir ce qu'ils signifient pour nous dans l'instant. Pour comprendre notre thème, nous devons nous comprendre nous-même, ce qui exige du travail. Nous devons développer une volonté d'introspection, de contemplation, de réflexion et de curiosité sur notre façon d'évoluer dans le monde et sur la manière dont le monde peut y réagir.

Les outils de l'astrologie sont puissants ; considérez-les avec un respect indéfectible et en sachant qu'il faut beaucoup de temps pour comprendre ce qu'ils communiquent et ce dont ils sont capables.

L'ENGAGEMENT DANS CE PROCESSUS

Je me souviens d'une fois où un astrologue m'a dit, à la lecture de mon thème, qu'il ne voyait vraiment pas comment j'accepterais un jour d'être aimée. J'ai compris ce qu'il voulait dire parce que je savais ce qu'il observait dans mon thème, mais son avis sur ma capacité à surmonter les défis y apparaissant m'a fait me sentir complètement anormale. Sur le moment, j'ai eu du mal à ne pas conférer à cet astrologue – une personne que j'admirais depuis des années, et que j'admire encore à ce jour – le pouvoir sur ma vie et sur mon chemin de vie. Cela ne s'est pas fait immédiatement, mais j'ai finalement choisi de croire que j'étais capable de guérir. Je n'étais pas irréparable. J'ai trouvé l'amour. J'ai découvert que je suis en réalité très disposée à donner et à recevoir de l'amour, dans des conditions qui sont favorables à mon épanouissement.

Nos idées préconçues sur nous-même, ou celles des autres à notre sujet, peuvent dominer notre vision du monde et nous faire passer complètement à côté du sens de notre vie et de notre astrologie.

Dès à présent, avant de poursuivre votre lecture ou tout autre aspect de votre exploration, envisagez de passer avec vous-même, avec moi qui suis votre guide pour l'heure, et avec le système de l'astrologie en général, les accords suivants :

1. Je promets de ne jamais accorder un pouvoir trop important à ma compréhension actuelle de mon thème.

Au fil de votre découverte de votre constitution astrologique, il ne fait aucun doute que vous allez vous méprendre sur ce que vous observez. Et ce, pendant probablement un bon bout de temps.

Nous, les humains, sommes, malheureusement, des êtres incroyablement peureux. Nous avons tendance à projeter nos inquiétudes et nos préjugés sur tout ce qui se présente à nous, et plus encore lorsque nous sommes en quête d'un reflet fidèle de nous-même. Je ne compte plus le nombre de fois où des personnes sont venues à moi paniquées et désespérées à cause d'un élément qu'elles avaient mal interprété dans leur thème. Quand nous accordons un pouvoir démesuré à notre thème astral, à quoi que ce soit ou à quiconque dans notre vie, nous perdons contact avec notre propre autorité. Efforcez-vous d'aborder votre thème avec une autonomie investigatrice et optimiste.

2. Je promets de ne jamais sous-estimer la sagesse qui est inscrite dans mon thème.

Plus vous approfondirez votre compréhension de vous-même et de votre vie, plus vous approfondirez votre connaissance de votre thème. Gardez-vous de tirer des conclusions hâtives sur la signification de votre thème avant d'avoir eu l'occasion d'éprouver, de modeler et de saisir les opportunités qui vous y sont offertes.

Au fil de notre croissance et de notre évolution, nous développons notre capacité à travailler sur les aspects difficiles de notre vie. À force de temps et d'efforts, nous sommes à même d'aborder ce qui nous fait souffrir avec davantage d'habileté et d'intelligence. Si vous vous engagez dans un processus de guérison, vous finirez par apprécier les aspects les plus délicats de votre thème et de votre vie. Un élément qui nous semble affreux au premier abord peut devenir une mine de possibilités si nous sommes prêts à le laisser nous transformer.

3. Je promets de toujours laisser la place à l'apprentissage, au désapprentissage et au réapprentissage.

Quoi que vous appreniez sur votre thème, n'oubliez pas que vous détenez le pouvoir de grandir, de guérir, de changer et d'évoluer. Aucune empreinte astrologique ne saurait vous en priver. Que notre thème soit simple ou compliqué, nous avons tous reçu la mission de devenir. Vous seul pouvez choisir votre propre croissance.

COMMENT UTILISER CE LIVRE

À mesure que vous explorez les informations présentées ici, il est recommandé de prendre le temps d'assimiler chaque donnée nouvelle. Écrivez les points qui éveillent en vous un écho particulier. Faites des pauses. Laissez les éléments qui vous semblent justes s'imprégner en vous. Rêvez-en. Apportez-les à votre psy, à vos amis de confiance et à vos mentors.

Cet ouvrage est structuré à la fois comme un manuel et comme un cahier d'exercices. À la fin de chaque section figurent des questions de réflexion auxquelles vous pouvez participer dans la mesure qui vous convient. Je ferai de mon mieux pour vous guider dans ce voyage à la découverte de vous-même en vous apportant les définitions de base et en vous aidant à développer votre compréhension de tout ce que vous révèle votre thème.

Prenez ce livre comme une aventure dont vous êtes le héros. Ensemble, nous explorerons votre Soleil, votre Lune, votre ascendant et son maître dans leurs moindres détails. Passez directement à la section qui concerne votre configuration spécifique. Prenez des notes. Utilisez les questions de réflexion et les affirmations qui sont pertinentes pour vous. Allez et venez selon votre disposition à absorber des informations nouvelles. Vous pouvez aussi employer ce livre pour analyser le thème d'une autre personne, si celle-ci vous y a autorisé. Ceci est votre voyage. Votre aventure. Je ne suis qu'un guide parmi tant d'autres.

Tout au long de ce livre, je fais référence aux thèmes de Maya Angelou et de Frida Kahlo, deux personnes qui ont laissé un riche héritage autobiographique ayant contribué à façonner la culture, l'art et leurs professions respectives. Je les ai choisies non seulement du fait de l'impact significatif de leur travail sur de nombreuses personnes – moi la première –, mais aussi parce que, d'un point de vue plus pratique, nous disposons de leurs heures de naissance confirmées, ce qui n'est pas toujours évident. En outre, elles ont toutes deux pleinement vécu leur vie et quitté cette terre, ce qui nous dispense d'émettre des suppositions quant à un éventuel potentiel à venir non réalisé.

INVENTAIRE DE LECTURE

Avant de poursuivre, rassemblez les éléments suivants :

- *Votre thème.*
- *Un stylo, du papier, des surligneurs.*
- *Votre journal.*
- *De l'eau et des en-cas.*

LA CRÉATION D'UN AUTEL EN L'HONNEUR DE VOTRE THÈME

Un autel est un espace que nous créons intentionnellement pour marquer un moment qui est important pour nous. Un autel ne doit pas forcément être de nature religieuse ou spirituelle si cela ne vous correspond pas. Il s'agit d'un espace dédié à la pratique de la guérison psychologique et émotionnelle, qui doit être spécifique à vos besoins, à votre style, à votre culture et à votre niveau d'engagement.

Si vous le souhaitez, vous pouvez construire un autel pour le travail que nous entreprenons ensemble dans ce livre, de façon à contenir votre expérience et à marquer ce cheminement. Enrichissez votre autel à mesure que vous développez votre compréhension de votre thème astral afin de lui donner vie et de lui faire prendre une existence physique. Pour chaque planète que vous rencontrez, vous pouvez consulter mon site pour obtenir davantage de précisions sur ses propriétés et sur les couleurs, les goûts, les odeurs, les plantes, les aliments, les métaux et les minéraux qu'elle régit, de sorte à mieux appréhender sa nature et les différentes manières dont elle peut se manifester à vous.

Choisissez pour votre autel un espace propre et dégagé, de préférence à l'est et situé dans un environnement neutre. Si vous avez une table, une surface ou une étagère que vous pouvez dédier à un autel, il est recommandé de ne pas en changer afin que vous sachiez sur le plan somatique que votre présence dans cet espace signale l'exercice d'une pratique de guérison.

Votre autel peut être aussi simple ou aussi élaboré que vous le souhaitez. Dans un premier temps, une bougie, une fleur et une intention suffisent. Quand vous vous serez instruit sur votre Soleil, votre Lune et le maître de votre ascendant, n'hésitez pas à placer sur votre autel des objets qui les représentent ainsi que toute planète en relation avec eux, de sorte à les honorer et à apprendre à les connaître.

II

LES BASES

Commençons par les bases : dans votre thème, il y a des planètes, des signes, des maisons et des aspects. Il est essentiel de comprendre ce qu'ils sont et comment ils interagissent.

QUI : LES PLANÈTES

En astrologie, les planètes sont décrites comme le « qui » de notre thème. Elles sont les différents protagonistes dans la pièce de notre vie. Certaines semblent en avoir après nous, déjouant tous nos plans, tandis que d'autres viennent toujours soutenir le scénario de notre existence. Par exemple, Saturne et Mars ont généralement tendance à nous tester (ou à tester les autres) avant de nous accorder leurs faveurs. À l'inverse, Jupiter et Vénus peuvent nous offrir l'amour et la chance d'emblée, sans rien vraiment demander en retour. Comme chaque personnage dans une pièce, chaque planète a un rôle indispensable à jouer. Si l'un des protagonistes s'arroge le devant de la scène, cela en devient étouffant ; pour avoir l'histoire au complet, il faut pouvoir les entendre tous. Les planètes ont des qualités spécifiques qui produisent certaines conditions dans notre corps, notre vie et nos relations.

Les planètes traditionnelles et leurs rôles sont :

☿ **Mercure** – le messager ;

♀ **Vénus** – l'amante ;

♂ **Mars** – le guerrier ;

♃ **Jupiter** – le sage ;

♄ **Saturne** – le donneur d'ordres.

Les planètes modernes et leurs rôles sont :

♅ **Uranus** – le révolutionnaire ;

♆ **Neptune** – le rêveur ;

♇ **Pluton** – le transformateur.

COMMENT : LES SIGNES

Chaque signe a son propre fonctionnement, son propre caractère et son propre style emblématique. Chaque planète de votre thème adopte le style du signe dans lequel elle se trouve. Prenons l'exemple de Mars, astre du courage, du dynamisme et du désir. En Bélier, il est tourné vers l'action et extrêmement rapide. En Vierge, il est résolument méthodique. En Poissons, il est en quête de grands espaces et de nourriture spirituelle. Mars a une certaine mission, mais sa manière de l'accomplir dépend du signe qu'il occupe.

Les signes et leurs styles sont :

♈ **Bélier** – indépendant, tourné vers l'action ;

♉ **Taureau** – stabilisateur, ancré ;

♊ **Gémeaux** – communicatifs, curieux ;

♋ **Cancer** – sensible, attentionné ;

♌ **Lion** – porté à l'expression de soi, créatif ;

♍ **Vierge** – perspicace, réfléchie ;

♎ **Balance** – sociable, aimable ;

♏ **Scorpion** – intense, pénétrant ;

♐ **Sagittaire** – aventurier, positif ;

♑ **Capricorne** – persévérant, réservé ;

♒ **Verseau** – intellectuel, avisé ;

♓ **Poissons** – intuitifs, créatifs.

Modes et éléments

Chaque signe est caractérisé par un mode et un élément. Il y a trois modes (cardinal, fixe et mutable) et quatre éléments (feu, terre, air et eau).

LES MODES

Le mode d'un signe nous informe sur sa mission. Les signes cardinaux amorcent les nouvelles saisons. Les signes fixes stabilisent la saison en cours. Les signes mutables se séparent d'une saison en préparation de la suivante. De ce fait, il n'y a pas deux signes de feu, de terre, d'air et d'eau qui fonctionnent exactement de la même manière.

LES SIGNES CARDINAUX

♈ **Le Bélier** amorce les actions.

♋ **Le Cancer** amorce les liens, les attaches et les sentiments affectifs.

♎ **La Balance** amorce les relations.

♑ **Le Capricorne** amorce les plans à long terme.

LES SIGNES FIXES

♉ **Le Taureau** exploite le pouvoir du monde matériel.

♌ **Le Lion** exploite le pouvoir de l'image.

♏ **Le Scorpion** exploite le pouvoir de son intensité émotionnelle.

♒ **Le Verseau** exploite le pouvoir de son intellect.

LES SIGNES MUTABLES

♊ **Les Gémeaux** disséminent les informations.

♍ **La Vierge** dissémine les aptitudes.

♐ **Le Sagittaire** dissémine l'enthousiasme.

♓ **Les Poissons** disséminent les rêves et les visions.

LES ÉLÉMENTS

Il y a quatre éléments : le feu, la terre, l'air et l'eau. Chaque élément a son propre tempérament. L'élément d'un signe nous indique s'il fonctionne par l'inspiration, le pragmatisme, la communication ou l'émotion.

FEU

Qualités : Spontané. Enthousiaste. Inspiré. Porté à l'expression de soi. Intuitif.

initie C ♈ **Le Bélier** prend des initiatives (cardinal) qui manifestent son courage personnel et sa capacité à agir en suivant sa propre inspiration (feu).

stabilis F ♌ **Le Lion** stabilise (fixe) une image chaleureuse et sympathique dans l'espoir d'attirer l'attention et d'exposer son expression créative (feu).

prepare à la suite M ♐ **Le Sagittaire** aspire à la liberté de mouvement (mutable) et à l'indépendance, et cherche un sens qui éclaire (feu) sa raison d'être de façon joyeuse et positive.

TERRE

Qualités : Apporte l'ancrage. Stabilise. Source de manifestation. Générateur. Travailleur.

F ♉ **Le Taureau** développe la sécurité en stabilisant (fixe) ses ressources et en les transformant en champs (terre) fertiles qui lui permettent de produire l'abondance.

M ♍ **La Vierge** recherche une diversité (mutable) d'aptitudes (terre) à mettre au service de la vie. En perfectionnant ses capacités, la Vierge crée du sens pour elle-même.

♑ **Le Capricorne** amorce (cardinal) des actions rigoureuses dans le but d'accomplir de grandes prouesses. Grâce à sa faculté de mettre à profit les outils (terre) auxquels il a accès, le Capricorne développe la retenue nécessaire pour gravir toutes les montagnes.

AIR

Qualités : Intellectuel. Axé sur les idées et les faits. Communicant hors pair.

♊ **Les Gémeaux** disséminent (mutable) les informations (air), créant de nombreux liens grâce à des échanges intellectuellement stimulants qui produisent des idées et relations nouvelles.

♎ **La Balance** amorce (cardinal) les relations (air), dans une recherche d'équilibre, d'harmonie et de justice.

♒ **Le Verseau** articule (air) ses idées bien conçues avec assurance (fixe).

EAU

Qualités : Intuitif. Émotif. Impressionniste. Sensible. Réactif.

♋ **Le Cancer** amorce (cardinal) les liens familiaux en faisant preuve d'attention aux autres (eau).

♏ **Le Scorpion** pénètre (fixe) les aspects secrets et mystérieux (eau) de la vie.

♓ **Les Poissons** se relient à une variété d'expériences en étant ouverts et perméables (mutable) à leur entourage et en apportant de la compassion (eau) à de nombreux êtres.

Maîtrises, dignités et débilités

Chaque planète traditionnelle a deux signes dans lesquels elle se sent chez elle, deux signes dans lesquels elle est mal à l'aise, un signe dans lequel elle trouve la reconnaissance et un signe dans lequel elle se sent méprisée[1]. Dans tous les autres signes, elle est en terrain neutre.

- **Domicile** – Signe dans lequel une planète se sent chez elle : ici elle a accès à toutes ses ressources, peut tourner à plein régime et se sent à son aise.

- **Exil** – Signe dans lequel une planète est mal à l'aise : ici elle doit redoubler d'efforts pour remplir sa mission, nous poussant à nous dépasser et à grandir bien plus qu'ailleurs.

---

1. Il est à noter que le Soleil et la Lune (appelés les « Luminaires ») ont chacun un seul signe où ils se sentent chez eux, un signe où ils sont mal à l'aise, un signe où ils s'illustrent et un signe où ils se sentent méprisés.

- **Exaltation** – Signe dans lequel une planète trouve la reconnaissance : ici elle nous offre des faveurs et des bienfaits sans grand effort.

- **Chute** – Signe dans lequel une planète se sent méprisée : ici elle doit se battre pour jouer à armes égales, mais dans cette lutte elle nous aide à honorer l'expérience du marginal.

PLANÈTE	DOMICILE	EXIL	EXALTATION	CHUTE
☉ **SOLEIL**	*Lion*	*Verseau*	*Bélier*	*Balance*
☽ **LUNE**	*Cancer*	*Capricorne*	*Taureau*	*Scorpion*
☿ **MERCURE**	*Gémeaux* *Vierge*	*Sagittaire* *Poissons*	*Vierge*	*Poissons*
♀ **VÉNUS**	*Taureau* *Balance*	*Bélier* *Scorpion*	*Poissons*	*Vierge*
♂ **MARS**	*Bélier* *Scorpion*	*Taureau* *Balance*	*Capricorne*	*Cancer*
♃ **JUPITER**	*Sagittaire* *Poissons*	*Gémeaux* *Vierge*	*Cancer*	*Capricorne*
♄ **SATURNE**	*Capricorne* *Verseau*	*Cancer* *Lion*	*Balance*	*Bélier*

OÙ : LES MAISONS

Les maisons sont les endroits de notre thème où sont situées les planètes. Si les planètes sont les acteurs et les signes leurs styles ou costumes, alors les maisons sont les décors où se déroulent leurs intrigues. Chaque maison correspond à un secteur du ciel vu depuis la Terre et représente un domaine spécifique de notre vie. De notre santé mentale à notre argent, notre thème natal recouvre notre existence dans son entier.

Les douze maisons sont :

- **Maison I** – le soi, le corps, l'apparence et la vitalité.
- **Maison II** – les actifs, les ressources et les moyens de subsistance.
- **Maison III** – la communication, la vie quotidienne, les frères et sœurs et la famille élargie.
- **Maison IV** – les parents, le foyer et les fondements.
- **Maison V** – les enfants, les projets créatifs, le sexe et le plaisir.
- **Maison VI** – le travail et la santé.
- **Maison VII** – les partenariats basés sur l'engagement.
- **Maison VIII** – la mort, la santé mentale et les ressources des autres.

- **Maison IX** – les voyages, les études, l'édition, la religion, l'astrologie et la philosophie.

- **Maison X** – la carrière et la vie publique.

- **Maison XI** – les amis, la collectivité, les soutiens et la bonne fortune.

- **Maison XII** – la vie cachée, les secrets, la peine et la perte.

UN POINT SUR LES DOMIFICATIONS

Les douze maisons du thème représentent les secteurs du ciel. Cependant, il n'y a pas une seule « bonne » façon empirique de diviser le ciel. En conséquence, il existe de nombreuses domifications, ou méthodes de découpage du ciel, que les astrologues emploient depuis des millénaires. J'utilise le système des signes entiers, car c'est celui dont la philosophie me semble la plus pertinente et celui qui me fournit les meilleurs résultats. Le système des signes entiers considère chaque signe du zodiaque comme sa propre maison. Même si vous vous êtes familiarisé avec votre thème à l'aide d'une domification différente, le système des signes entiers reste utile à l'exploration de votre thème. De même qu'il y a beaucoup de façons de voir la vie, de même il y a beaucoup de manières d'observer le ciel et les maisons de notre thème. Chacune d'entre elles décale plus ou moins l'emplacement des planètes. Étudiez la logique et la philosophie des différentes domifications, puis choisissez celle qui vous semble la plus juste. En définitive, c'est de votre thème qu'il s'agit, et c'est votre propre compréhension qui importe.

Les maisons nous fournissent le cadre dans lequel se produisent les événements. Si, par exemple, votre Soleil se trouve dans votre maison X de la carrière, vous devez vous exprimer (le Soleil) à travers votre parcours professionnel et les rôles que vous tenez dans la société (maison X). Si Vénus se situe dans votre maison XI de la collectivité, cela signifie que votre bonne fortune (maison XI) provient en grande partie de votre capacité à forger des relations (Vénus) avec les autres.

Toute maison occupée par une planète représente une sphère de la vie qu'il est important d'examiner, mais les maisons dans lesquelles sont placés le Soleil, la Lune et le maître de l'ascendant sont des domaines essentiels à vivre, à explorer et auxquels se relier. En effet, ces planètes revêtent une importance particulière, car elles sont des marqueurs de notre vie et de son but. Plus nous cultivons notre relation avec elles, et avec les maisons de notre thème dans lesquelles elles résident, plus il nous devient aisé de nous comprendre et de nous accepter radicalement.

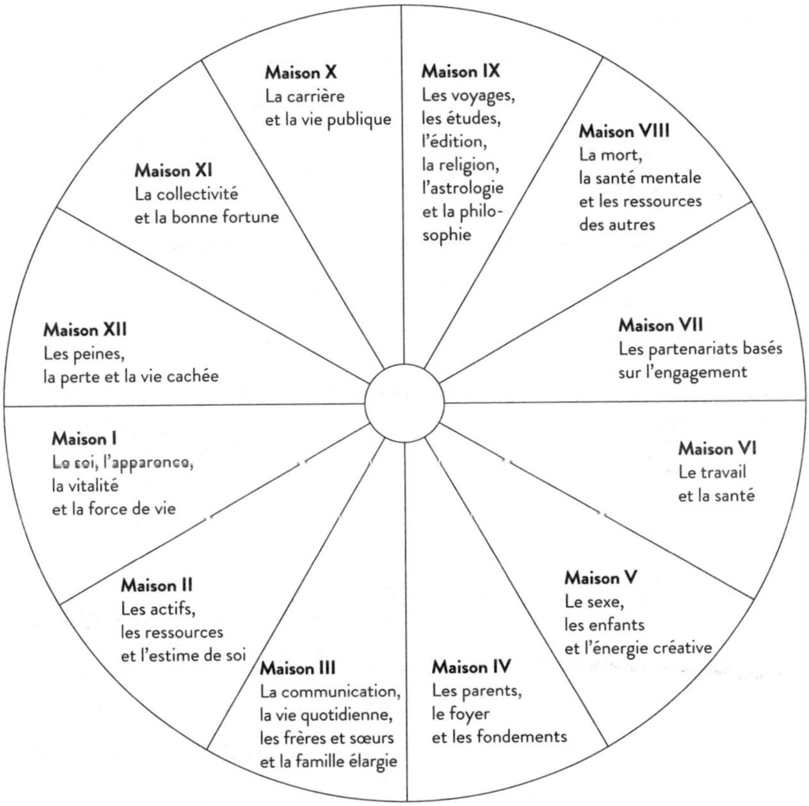

LES RELATIONS : LES ASPECTS

Les aspects sont des relations que deux planètes – ou points – ou plus forment entre elles. Tout comme n'importe quelle relation, certaines sont aisées et stimulantes, tandis que d'autres sont difficiles et même décourageantes. Les aspects se classent en trois catégories : les aspects bénéfiques, les aspects de défi et les aspects fusionnels.

Par exemple, si Mars forme un aspect de défi avec une autre planète de votre thème, il produira probablement des conditions bouillonnantes, propices à l'irritation, à la colère ou aux explosions, car la chaleur est l'une des caractéristiques de Mars. Si Jupiter forme un aspect bénéfique avec une autre planète de votre thème, il crée alors des situations positives, marquées par l'abondance et la chance, car Jupiter est connu pour ces qualités.

Quand nous faisons le lien entre les aspects de notre thème et les expériences de notre vie, positives comme négatives, cela nous permet de développer de la compassion envers nos difficultés et d'apprendre à enrayer les croyances et les comportements d'autosabotage que nous avons acquis. C'est ainsi que l'astrologie prend tout son sens comme outil d'épanouissement personnel et d'acceptation radicale de soi.

Les aspects bénéfiques

Il y a deux types d'aspects (relations) bénéfiques : les sextiles et les trigones. Les sextiles et les trigones sont tous deux des aspects qui offrent des faveurs, des bienfaits et des protections aux planètes qu'ils relient. Ils sont comme une bonne fée ou une tante adorée qui vous donne toujours de l'amour, des encouragements et un peu d'argent à la sortie.

- **Sextile** – aspect formé par des planètes situées à deux signes d'écart, l'une dans un signe de terre et l'autre dans un signe d'eau, ou l'une dans un signe d'air et l'autre dans un signe de feu (*signes distants de 60 degrés*).

ASPECTS = "RELATIONS"

+ -> sextiles & Trigones

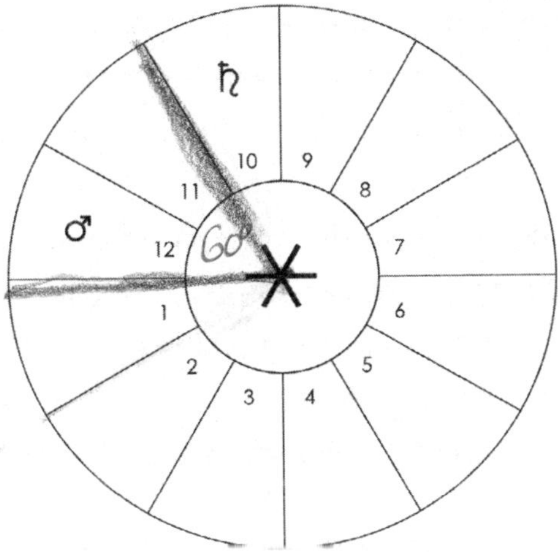

Les planètes placées dans des maisons formant entre elles un angle de 60 degrés sont dites « en sextile ».

- **Trigone** – aspect formé par des planètes situées à quatre signes d'écart et dans le même élément, par exemple deux planètes ou plus dans différents signes de feu (*signes distants de 120 degrés*).

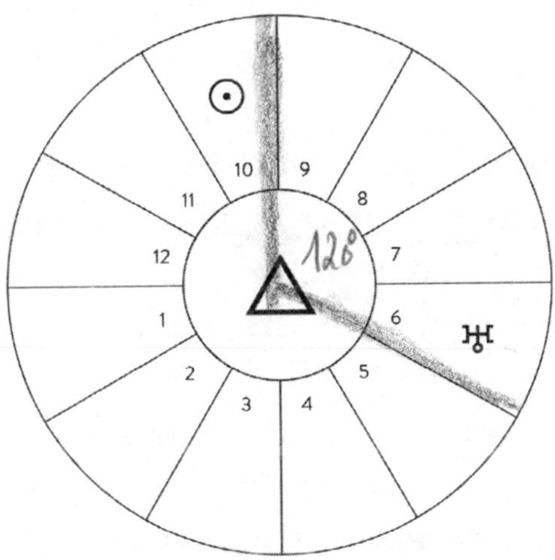

Les planètes placées dans des maisons formant entre elles un angle de 120 degrés sont dites « en trigone ».

Si les sextiles sont plus subtils que les trigones, tous deux sont néanmoins des aspects positifs sur lesquels on peut se reposer dans les périodes de turbulence et d'adversité, un peu comme un ami que l'on appelle quand on est dans le pétrin, que l'on a besoin de conseils ou que l'on se sent un peu perdu. Le sextile avec Vénus est le sextile le plus fort qui soit (le sextile est l'aspect emblématique de Vénus), tandis que le trigone avec Jupiter est le trigone le plus fort qui soit (le trigone est l'aspect emblématique de Jupiter).

Les aspects de défi

Il y a deux types d'aspects de défi : les carrés et les oppositions. Tous deux sont porteurs de défis spécifiques et nous demandent des efforts particuliers. Les carrés sont des points de friction qui nous encouragent à l'action, mais parfois cette friction prend un caractère abrasif et néfaste. Les oppositions sont comme un bras de fer qui exige de nous de concilier des énergies contraires, d'assimiler la polarité et de mieux comprendre ce que nous projetons dans le monde et ce que nous devons parvenir à nous réapproprier.

Il existe cependant des exceptions à ces règles. Les carrés et les oppositions avec Vénus et Jupiter ne sont pas « mauvais », car ces planètes sont incapables de nuire, mais ces aspects peuvent exacerber des éléments propres à leur nature.

- **Carré** – aspect formé par des planètes situées à trois signes d'écart, par exemple une planète en Taureau et l'autre en Lion (*signes distants de 90 degrés*).

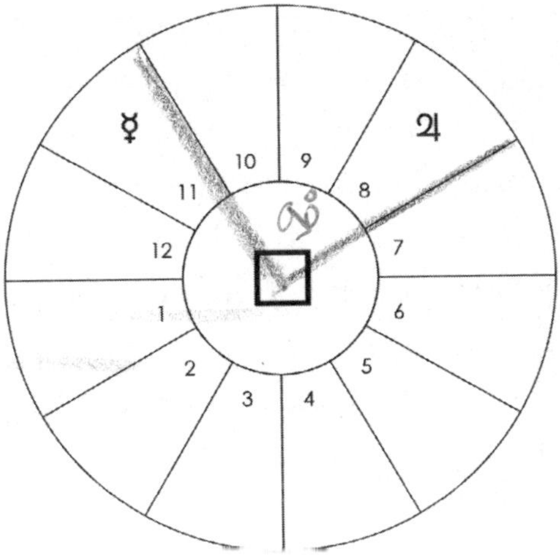

Les planètes placées dans des maisons formant entre elles un angle de 90 degrés sont dites « en carré ».

- **Opposition** – aspect formé par des planètes situées à six signes d'écart (dans des signes opposés l'un à l'autre), par exemple une planète en Sagittaire et l'autre en Gémeaux (*signes distants de 180 degrés*).

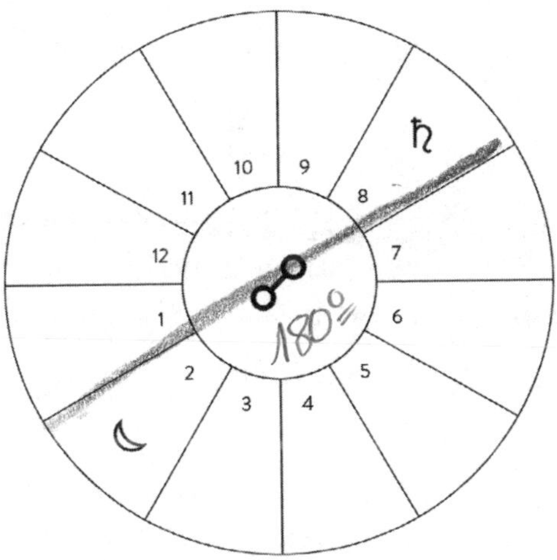

Les planètes placées dans des maisons formant entre elles un angle de 180 degrés sont dites « en opposition ».

Le carré avec Mars est considéré comme le carré le plus difficile qui soit (le carré est l'aspect caractéristique de Mars), tandis que l'opposition avec Saturne est considérée comme l'opposition la plus difficile qui soit (l'opposition est l'aspect caractéristique de Saturne). Rappelez-vous que si les carrés et les oppositions difficiles créent des obstacles, notre capacité à les surmonter nous aide à grandir et à progresser vers notre but. En l'absence de défis, nous n'aurions peut-être jamais besoin de mettre à profit nos talents.

Les aspects fusionnels

Une conjonction (aspect fusionnel) se produit quand une planète se situe dans le même signe qu'une autre planète. La conjonction représente une fusion ou un mélange d'énergies. Plus les planètes sont proches dans leur degré, plus l'impact est fort. Les conjonctions avec Vénus et Jupiter sont favorables, nous aidant à nous lier facilement aux autres (Vénus) et à attirer l'abondance (Jupiter) dans notre vie. Les conjonctions avec Mars et Saturne présentent des défis, exigeant de nous de développer la discipline rigoureuse (Saturne) nécessaire à l'accomplissement de nos objectifs ou de trouver les moyens de canaliser notre colère à travers des actions appropriées et bénéfiques (Mars). Les conjonctions avec toutes les autres planètes doivent être considérées au cas par cas (ce que nous ferons dans les chapitres suivants).

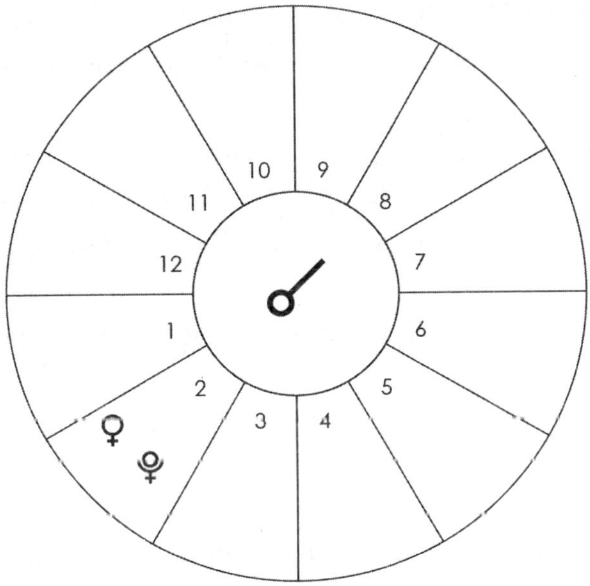

Les planètes placées dans la même maison sont dites « conjointes ».

LA SYNTHÈSE : LES RÈGLES

Tant que les règles n'ont pas encore été parfaitement assimilées, il est toujours utile de se les répéter. Les langages archétypaux comme l'astrologie peuvent facilement devenir un méli-mélo de corrélations qui brouillent le sens de ce que nous observons. Pour rappel :

- Les planètes sont les protagonistes de notre thème.
- Les signes dénotent le style et le caractère des planètes de notre thème.

- Les maisons nous informent sur les lieux où les planètes vivent leurs intrigues et racontent leurs histoires.

- Les aspects nous indiquent quelles planètes présentent des défis, lesquelles sont bénéfiques et lesquelles se comportent comme une unité (harmonieuse ou non).

- Chaque planète se situe dans un signe et dans une maison.

- Tout le monde a dans son thème chaque planète, chaque signe et chaque maison. Il se peut néanmoins que votre thème ne présente pas tous les types d'aspects possibles et que certaines de vos planètes ne soient en relation avec aucune autre.

☉

III

LA PREMIÈRE CLÉ
VOTRE SOLEIL

Le but de votre vie

Chaque matin, le Soleil se lève triomphalement à l'horizon est. Émergeant d'une longue nuit passée à parcourir le monde souterrain, le Soleil nous invite à réfléchir ses mouvements. À offrir notre gratitude. À pratiquer nos rituels. À nous mettre au service des autres. La vie humaine débute dans l'obscurité de la matrice, mais dépend d'une source fiable de lumière et de chaleur une fois quitté le lieu de sa conception et de son incubation. Dans votre thème, le Soleil est votre force vitale. C'est pourquoi il représente le but de votre vie et c'est peut-être pour cela que l'astrologie populaire accorde une si grande importance au signe qu'il occupe.

L'astrologie est une sagesse ancestrale fondée sur l'observation du monde naturel, et nous pouvons voir comment les éléments du monde naturel sont en corrélation avec les planètes de notre thème. Toute vie dépend de la chaleur et de la lumière du Soleil pour se développer. Le Soleil brille, il est éclatant et il est lumineux. Toutes les choses qui présentent ces caractéristiques sont associées au Soleil. L'or est son métal et sa couleur. Le cœur, centre de notre système physique, est l'organe qu'il régit. À mesure que nous remarquons tout ce qui dans la nature s'épanouit au Soleil ou se comporte comme le Soleil, nous commençons à approfondir notre relation avec ce système de connaissance. L'astrologie n'est pas un concept lointain, elle est tout près, tout autour de nous.

Quand le Soleil est bien placé dans notre thème, il apporte une confiance en soi infinie, génératrice, généreuse, courageuse, magnanime et glorieuse. Quand le Soleil n'est pas bien placé, il peine à se manifester. À l'image d'un jour d'orage, les nuages et les perturbations de notre constitution astrologique peuvent obscurcir la lumière et la chaleur de notre raison d'être.

Dans mon cas, du fait de l'aspect difficile entre mon Soleil et Saturne, je suis souvent en proie à la dépression quand je suis livrée à moi-même. Si je n'œuvre pas consciemment contre cet aspect, j'ai tendance à me laisser facilement aller au désespoir et à la frustration. Mon épouse, à l'inverse, qui n'a aucun aspect difficile entre les planètes traditionnelles nuisibles (Saturne et Mars) et son Soleil, et bénéficie d'un aspect très favorable de Jupiter, planète de l'optimisme, a et a toujours eu une facilité à trouver des solutions et à rester dynamique et positive. Je suis éternellement reconnaissante pour le soutien que son thème et son cœur apportent à notre vie et je ne saurais que vous recommander de trouver les personnes qui viennent équilibrer votre disposition émotionnelle, psychologique et astrologique.

Il y a trois caractéristiques principales de votre Soleil à considérer pour explorer le but de votre vie :

1. Le signe dans lequel il se trouve (la manière dont vous brillez).

2. La maison qu'il occupe (le domaine de la vie où vous devez briller).

3. Les planètes en aspect à votre Soleil (les acteurs qui affectent votre capacité à briller).

DANS VOTRE THÈME

TROUVEZ VOTRE SOLEIL

Cherchez ce symbole ☉ dans votre thème.
Il s'agit de votre Soleil.

Dans quel signe votre Soleil se trouve-t-il ?

Mon Soleil se trouve dans le signe ____________________.

Dans quelle maison votre Soleil se trouve-t-il ?

Mon Soleil se trouve en maison ____ **de** ____________________.

ASPECTS À VOTRE SOLEIL

En calculant votre thème sur le site www.ChaniNicholas.com, vous pouvez voir quelles planètes sont en aspect à votre Soleil. N'oubliez pas, il se peut qu'aucune planète ne dialogue avec votre Soleil. Ne vous souciez pas pour l'instant de la signification des différents aspects. Contentez-vous de les noter et nous les explorerons bientôt. Complétez les phrases qui s'appliquent à vous.

Les planètes se trouvant dans le même signe que mon Soleil sont ____.

Les planètes en trigone à mon Soleil (quatre signes/120 degrés d'écart) sont ____.

Les planètes en sextile à mon Soleil (deux signes/60 degrés d'écart) sont ____.

Les planètes en carré à mon Soleil (trois signes/90 degrés d'écart) sont ____.

Les planètes se trouvant dans le signe opposé à mon Soleil sont ____.

Points clés à retenir sur votre Soleil

- Votre Soleil représente votre force vitale, votre identité et le but de votre vie.
- Le signe dans lequel il se trouve dénote le style avec lequel vous brillez.
- La maison dans laquelle il se trouve vous indique le domaine de votre vie dans lequel vous allez briller.
- Les planètes en aspect à votre Soleil représentent soit des soutiens soit des défis pour la façon dont vous brillez et dont vous incarnez le but de votre vie.

LE SIGNE DE VOTRE SOLEIL
COMMENT BRILLEZ-VOUS ?

Dans quel signe votre Soleil se trouve-t-il ?

Le signe du Soleil indique le style avec lequel nous incarnons le but de notre vie. Étant donné que le Soleil représente notre moi essentiel, le signe qu'il occupe nous renseigne sur les manières dont nous nous sentons à l'aise pour briller. Tous les signes n'aiment pas forcément l'attention, les louanges ou les félicitations. Cela donne à certains signes solaires une contradiction sur laquelle travailler, car le Soleil, livré à lui-même, est charismatique et n'a aucun scrupule à rechercher l'attention. Par exemple, si votre Soleil est en Verseau, il brillera en offrant à la collectivité un système, une structure ou une conception du monde logiques et bien pensés. En Balance, le Soleil brille à travers sa capacité à être en relation avec les autres, tandis qu'en Lion le Soleil s'efforce de briller aussi fort que possible dans l'unique but de partager son éclat avec le monde.

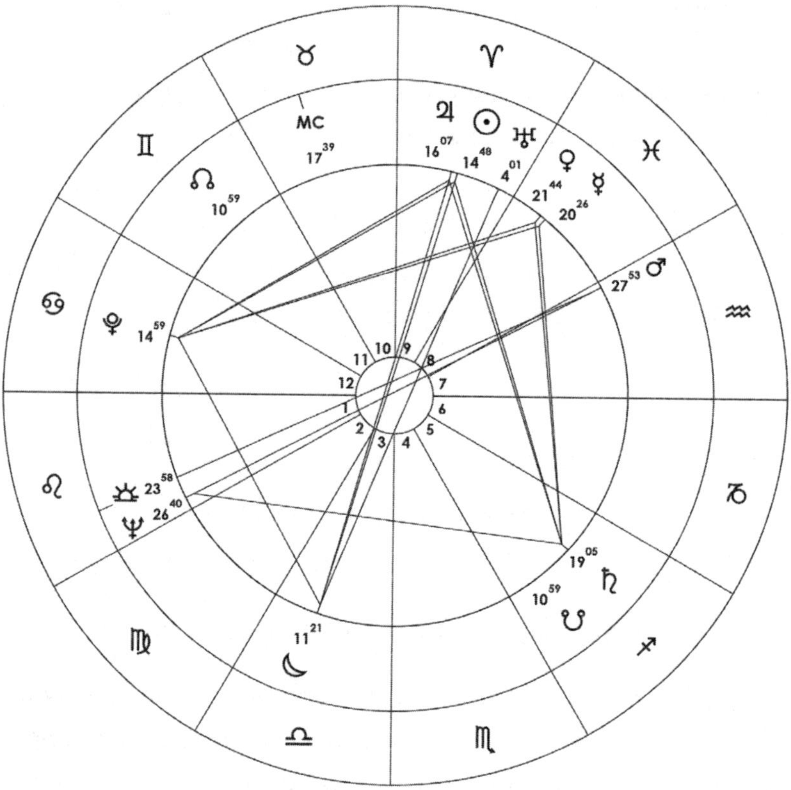

LE THÈME NATAL DE MAYA ANGELOU

Date et heure de naissance : *4 avril 1928 à 14 h 10.*
Lieu : *Saint-Louis, Missouri, États-Unis.*

Maya Angelou avait son Soleil en Bélier. Cette position brille en exprimant son individualité et s'épanouit en entreprenant des actions qui transgressent les limites jugées convenables par la culture en place. Maya Angelou est l'une des premières personnes noires à avoir jamais conduit un tramway à San Francisco, ce qu'elle fit à l'âge de seize ans. Après qu'elle s'est vu refuser le poste, sa mère l'a encouragée à se présenter tous les jours et à exiger que sa candidature soit retenue. « Je suis venue m'asseoir là (au bureau) tous les jours pendant deux semaines. Puis, après deux semaines, un homme est sorti de son bureau et m'a dit : "Viens ici." Et il m'a demandé : "Pourquoi tu veux ce job ?" J'ai dit : "J'aime les uniformes." Et j'ai dit : "Et puis j'aime les gens." Alors j'ai eu le job[1]. » Ce n'est pas la seule occasion – tant s'en faut – où elle a défié les limites dans lesquelles le système patriarcal et suprémaciste blanc américain aurait voulu confiner son existence. Maya Angelou a passé sa vie à faire ce que les autres jugeaient impossible. Cela ne fut qu'un épisode parmi tant d'autres.

Le moment est venu de choisir votre propre aventure. Passez directement à la section qui traite de votre signe solaire.

SOLEIL EN BÉLIER

♈ ☉

Le Soleil dans le signe cardinal de feu du Bélier est « exalté ». Fort. Plein d'énergie. Indépendant. Dans l'hémisphère Nord,

---

1. Kate Hinds, « *Maya Angelou Was San Francisco's First Black Streetcar Conductor* », WYNC, 28 mai 2014.

l'entrée du Soleil en Bélier correspond à l'équinoxe vernal, c'est-à-dire au début du printemps. À partir de ce moment, la chaleur et la lumière du Soleil gagnent en intensité. Cette intensité est portée par les natifs du Bélier.

Dire que le Soleil est « exalté » signifie que cet astre opère avec assurance en Bélier. Si votre Soleil est exalté, cela ne garantit pas une vie d'aisance et de célébrité, mais cela indique une réserve de force dans laquelle vous pouvez puiser en cas de besoin.

Régi par Mars, le signe du Bélier cherche à démontrer sa capacité à se battre. Si votre Soleil est en Bélier, vous devez affronter tête baissée ce qui a le plus d'importance pour vous dans la vie. Signe cardinal de feu, le Bélier prend des initiatives, entreprend des actions et apporte de la chaleur à toute planète qui réside au sein de sa sphère.

En tant qu'animal, le bélier représente le renouveau, notamment parce que sa toison repousse après la tonte. Cela donne au Bélier un côté inarrêtable. Face à n'importe quel obstacle, le Bélier ne recule jamais. Il lui faut une dose de stress pour rendre les choses plus intéressantes.

Si vous avez le Soleil en Bélier, vous êtes certainement mû par le désir de faire vos preuves à travers des actes de courage, de bravoure et de détermination. Mais ce désir peut vite devenir égoïste quand vous cherchez à prouver que vous avez raison. Toute interaction n'est pas forcément un duel, mais pour votre Soleil en Bélier la tentation du conflit est parfois trop forte. Quand il est dénaturé, votre Soleil en Bélier tend à prendre une tournure autoritaire, péremptoire, agressive, arrogante et incendiaire. Avec cette position, vous avez beaucoup à gagner à pratiquer l'introspection, qui permet d'être réfléchi dans vos réactions.

Affirmations

- J'honore mon énergie et son pouvoir en travaillant sur ce qui me fait me sentir libre.

- Je ne suis pas tout seul. Je me rappelle que j'ai la possibilité de me relier à mes amis, à mes enseignants, à mes aînés, à mes réseaux de soutien, et à une énergie plus grande que moi quand j'ai besoin d'aide.

Questions de réflexion

- Quelles actions vous procurent le plus d'énergie ?

- Quels sont les combats auxquels il est important pour vous de vous livrer ?

- En quoi pensez-vous que votre capacité à faire preuve de courage dans votre rapport au monde est liée au but de votre vie ? Tout en sachant que vous n'êtes pas tenu de comprendre exactement comment cela se manifeste dans votre vie actuellement, est-ce un désir qui vous anime ?

SOLEIL EN TAUREAU

♉ ☉

Le Soleil dans le signe fixe de terre du Taureau brille quand il stabilise, consolide et construit avec les ressources dont il dispose. Le Taureau sait mettre à profit l'énergie brute, tumultueuse et exubérante de la vie. Il en fait des chefs-d'œuvre. Il cultive les champs de son potentiel grâce à son incroyable faculté de manifestation.

Si la magie du Taureau s'exprime dans la lenteur, elle manifeste aussi une puissance inébranlable. Le Taureau ne saurait être poussé, forcé ou pressé. La nature ne se précipite pas, et ce taureau non plus.

Les cornes de taureau, qui sont le symbole de ce signe, représentent la fertilité. Notamment du fait de la domestication du taureau et de son usage dans l'agriculture, on a souvent associé les cornes de cette superbe bête au croissant de lune, symbole de la Déesse, créatrice et donneuse de vie. D'une manière générale, les cornes sont associées aux trompes de Fallope mais, au-delà de l'anatomie, l'énergie du Taureau est une force génératrice. Régi par Vénus, déesse de l'Amour et du Lien, le Taureau est doté d'une fécondité naturelle.

Signe fixe de terre, le Taureau est au cœur des connexions. Rassemblant autour de vous toutes les personnes dans le besoin, si vous avez le Soleil en Taureau, vous vous sentirez probablement revitalisé en faisant preuve de générosité, d'ingéniosité et de décontraction.

Aucune créature ne sait se détendre comme le taureau.

Appréciant tout ce qui est goûteux, confortable, luxueux et plaisant pour les sens, votre Soleil en Taureau sait jouir du monde physique. Votre Soleil en Taureau est ici pour construire et apprécier pleinement une vie de plaisir et de productivité.

Quand elle est dénaturée, cette énergie peut devenir dominatrice, possessive, têtue et obsédée par la stabilité. Votre

Soleil en Taureau peut utiliser la certitude comme mécanisme de défense et tendre à devenir inflexible, directif et belliqueux. Comme votre Soleil a pour mission d'être une force stabilisatrice, la prise de risques, le changement de direction en cours de route ou le départ de la salle au milieu d'un mauvais film peuvent vous sembler être des actes impensables, trop éloignés de votre rythme habituellement régulier. Dès lors, vous pouvez vous retrouver bloqué dans vos manières, routines et conceptions de la vie. Votre Soleil en Taureau sera mis au défi d'apprendre à concilier votre désir de constance avec la nécessité de prendre les risques indispensables à votre croissance personnelle.

Affirmations

- J'ai le droit de changer d'avis.
- Je suis tout aussi digne d'amour et de soutien que ceux à qui j'en offre.

Questions de réflexion

- Dans quels aspects de votre vie sentez-vous que vous êtes doué pour la construction, la stabilisation et la création ?
- Dans quels aspects de votre vie avez-vous tendance à devenir inflexible ?

- En quoi pensez-vous que votre capacité à construire des choses solides ou monumentales est liée au but de votre vie ? Si vous avez l'impression que vous n'avez pas encore développé cette aptitude, pensez-vous que cela vous apporterait de la satisfaction et de la joie ?

SOLEIL EN GÉMEAUX

♊ ☉

Dans ce signe mutable d'air qui dissémine les informations et le savoir par le biais d'échanges intellectuels, le Soleil en Gémeaux a toujours une contribution enrichissante à apporter.

Les signes mutables s'intéressent naturellement à une variété de choses et, chez les Gémeaux, signe d'air régi par Mercure le messager, cela se manifeste sur le plan intellectuel. Doté d'une curiosité sans bornes, votre Soleil en Gémeaux a tendance à constamment rechercher des sujets de conversation intéressants sur lesquels pérorer. Les contradictions, la dualité et les paradoxes sont des états naturels pour votre Soleil en Gémeaux. Vous avez besoin d'examiner tous les aspects des théories, des situations ou des faits. Ne se limitant jamais à une seule idée, le natif des Gémeaux aime arpenter le plus grand nombre de pensées possibles pour mieux saisir un sujet donné.

Le symbole des Gémeaux est une paire de jumeaux, ce qui souligne la nature double de ce signe et son besoin de changement. Tels des vents soufflant dans des directions opposées, vous pouvez donner l'impression d'être partout et nulle part à la fois. Votre Soleil cherche toujours à se déplacer par des voies qui ont l'air de défier les lois de la gravité, du temps et de l'espace. Simultanément intérieur et extérieur, introspectif et réactif, introverti et extraverti, le signe des Gémeaux est rempli de contradictions.

À l'image de son maître, Mercure, associé à l'archétype du magicien, le signe des Gémeaux apparaît sous de nombreuses formes différentes. Si vous êtes habile à vous montrer en société, il se peut que votre jumeau intérieur ne se révèle qu'à ceux en qui vous avez vraiment confiance, et *vice versa*. Le natif des Gémeaux peut être tellement doué dans l'art du caméléonisme qu'il en vient à perdre contact avec son identité profonde.

Quand il est dénaturé, votre Soleil en Gémeaux peut devenir inconstant, distrait, commère et désinvolte. Laissés sans surveillance, les signes d'air sont capables de répandre les rumeurs à un rythme inégalable. Les Gémeaux doivent toujours associer à leur soif d'information continue la discrétion et l'intégrité. Dans les moments où vous vous sentez trop éloigné de votre base, vous gagnerez certainement à prendre le temps de vous ancrer, de vous recentrer et de vous positionner dans des relations avec des personnes qui ne se laissent pas charmer, duper ou fasciner par votre talent pour les fables.

Affirmations

- Je n'ai pas toutes les réponses, et je n'en ai pas besoin pour arriver là où je vais.

- J'ai l'assurance que les informations dont j'ai besoin viendront à moi au moment où j'en aurai besoin.

Questions de réflexion

- Quel genre d'informations avez-vous de la joie à partager ?
- Dans quelles parts de votre vie êtes-vous un enseignant ? Dans quelles parts de votre vie êtes-vous un étudiant ?
- Dans quels aspects de votre vie sentez-vous que l'échange d'idées participe du but de votre vie ?

SOLEIL EN CANCER

♋ ☉

Dans ce signe cardinal d'eau qui nous initie au monde des sentiments, le Soleil est une force émotionnelle à la puissance discrète. Fidèle à sa mascotte, le crabe, le Cancer décampe latéralement, fuyant la confrontation. Toutefois, lunatique comme la marée qui le porte, le crabe, quand il est poussé dans ses retranchements, sort ses pinces et s'accroche à tout ce qu'il peut.

Votre Soleil en Cancer conserve toute la mémoire. Le Cancer représente les eaux primordiales de la création, la matrice de l'humanité qui porte en elle la totalité de notre histoire humaine et tout ce que nous ayons jamais ressenti à son égard. Natif du Cancer, votre eau ne dort jamais. Le

Cancer est réputé être le signe du zodiaque le plus attentionné et le plus protecteur. Quand vous aimez une personne, celle-ci est forcément au courant.

Votre Soleil brille en créant des liens affectifs avec les autres. Les signes d'eau sont des signes de réflexion. Régi par la Lune, le Cancer a pour mission de réfléchir la lumière des autres. Tel un parent ou un adulte référent, vous percevez toujours ce que les autres ont besoin d'entendre, de savoir ou de recevoir en guise de soutien. Votre Soleil en Cancer cherche à créer des espaces propices à la formation de liens. Comme les expériences émotionnelles intenses ne font pas peur à votre Soleil dans ce signe d'eau, vous devrez peut-être vous purifier de l'impact des résidus émotionnels que vous absorbez sans le savoir. Les vieilles rancœurs empoisonnent vos eaux. Un nettoyage thérapeutique régulier de votre système psychologique est recommandé pour retrouver votre énergie et votre vitalité.

Votre Soleil en Cancer est exceptionnellement doué pour pressentir et combler les besoins des autres. Prendre soin des autres est pour lui une seconde nature ; ainsi, s'il est susceptible de s'agripper à une offense émotionnelle, il se rappellera aussi les détails de la vie de vos proches, que ce soit leur restaurant favori, leur film préféré ou le prof qu'ils adoraient au lycée.

Le Cancer est aussi changeant que la Lune qui le régit. Quand il est dénaturé, votre Soleil en Cancer peut adopter une disposition lunatique et mélancolique. Excessivement défensif et attaché au passé, votre Soleil en Cancer peut aisément osciller entre le martyre et l'irritabilité quand il donne trop et ne reçoit pas assez.

En tant que crabe, vous pouvez développer une carapace trop dure qui, si elle offre une bonne défense pour vos parties vulnérables, peut aussi conduire à l'isolement. Avec cette position, vous devez trouver des façons d'honorer la force de votre vulnérabilité tout en développant les limites saines qui sont nécessaires pour vivre en lien avec d'autres humains compliqués, aimants et changeants.

Affirmations

- Mon souci des autres est ma meilleure monnaie d'échange.
- Les sentiments ne sont pas des faits, mais ils portent en eux des grains de vérité que je suis déterminé à découvrir.

Questions de réflexion

- Où sentez-vous que votre pouvoir émotionnel est le plus apprécié et mis à profit ?
- Qui laissez-vous prendre soin de vous ?
- Le développement de liens affectifs ou l'initiation des autres au ressenti de leurs émotions sont-ils liés au but de votre vie ? Dans le cas contraire, êtes-vous perçu comme quelqu'un qui est en phase avec le monde des sentiments, et est-ce un élément central de votre identité ? Comment cela affecte-t-il votre entourage ?

SOLEIL EN LION

♌ ☉

Dans l'hémisphère Nord, là d'où provient ce système astrologique, le Soleil est au summum de sa puissance à la fin du mois de juillet et au mois d'août. Le Soleil a donc reçu la maîtrise du signe dans lequel il produit le plus de chaleur. Le Soleil régit le Lion. C'est son domicile, son trône, le lieu de sa majesté.

En Lion, le Soleil a accès à toutes ses ressources, à tous ses talents et à toute sa gloire. Si vous avez le Soleil en Lion, cela signifie que vous êtes né pour briller de mille feux. L'assurance, la grandeur et le cœur font partie des attributs positifs du Soleil dans ce signe fixe de feu. Ici, votre Soleil brille sans aucune retenue. Dans toute sa gloire, avec faste et en grande pompe, votre Soleil en Lion, s'autoproclamant pourvoyeur central de chaleur et de lumière, aspire à célébrer et à être célébré.

De style royal, votre Soleil en Lion a besoin de gouverner. Bien que tous les natifs du Lion ne soient pas mus par la volonté de diriger, votre mission centrale dans la vie est en tout cas de trouver les moyens de dispenser votre force vitale et d'en tirer des éloges.

Un Lion mal-aimé peut être une créature dangereuse.

Les êtres humains sont attirés par la lumière, et le Lion le sait bien. C'est le maître par excellence dans l'art de la performance, le clown qui dérobe notre cœur par sa chaleur et son charisme. La passion, l'amour, le spectaculaire, l'espièglerie, la noblesse, le courage, le romantisme et l'exhibitionnisme comptent parmi les caractéristiques de votre Soleil en Lion.

Quand cette position est dénaturée, elle peut virer à l'égomanie, à l'autoritarisme et à l'obsession de soi. S'il ne dispose pas d'une scène sur laquelle se montrer, votre Soleil peut se transformer en créature amère, disgracieuse et dépitée dont l'enjouement est éclipsé par le sentiment que tout lui est dû. Votre Soleil en Lion doit trouver les meilleures manières d'user de son charisme et de son charme à bon escient pour éradiquer toute autosuffisance avant qu'elle ne puisse prendre racine. Si vous apprenez à mettre votre personnalité au service du travail qu'il vous appartient de réaliser dans le monde, votre Soleil en Lion peut être vecteur de grand épanouissement.

Affirmations

- J'ai le droit d'aimer les félicitations que je reçois.
- J'honore mon énergie en trouvant des façons de l'exprimer joyeusement sur les scènes qui l'apprécient le plus.

Questions de réflexion

- Dans quels aspects de votre vie vous sentez-vous félicité, apprécié et reconnu pour vos talents ?
- Est-ce que vous vous reprochez d'avoir besoin des félicitations et de l'appréciation des autres ? Si oui, pourquoi ?
- Avez-vous la sensation que votre expression personnelle, votre énergie créative et votre rayonnement sont liés au but de votre vie ? Même si vous n'avez pas encore

découvert votre manière propre de briller, l'idée de mettre votre énergie créative au service du monde vous semble-t-elle importante et essentielle au but de votre vie ?

SOLEIL EN VIERGE

♍ ☉

Dans ce signe mutable de terre qui assimile perpétuellement le savoir qu'il reçoit, votre Soleil en Vierge brille à travers une personnalité qui met un point d'honneur à ne jamais se contenter de l'« acceptable ».

Ce qui vous ressource, c'est de consacrer du temps, de l'énergie et des efforts au développement et au perfectionnement des aptitudes que vous souhaitez appliquer à l'œuvre de votre vie. Ne se reposant jamais sur ses lauriers, votre Soleil en Vierge s'emploie toujours à parfaire un aspect de ce que vous avez à proposer.

De nature sérieuse, votre Soleil en Vierge a une mission à accomplir et rien ne saurait l'en distraire. Cette qualité peut être influencée par divers facteurs astrologiques mais, en général, ce qui vous apporte le plus de sérénité, c'est de travailler efficacement sur une besogne qui a du sens pour vous. Les signes de terre brillent en accomplissant des choses concrètes qui ont un résultat tangible et un usage pratique. À tout le moins, l'anxiété est calmée quand elle est distraite par un travail qui porte ses fruits.

Exigeante par nature, la Vierge est toujours à l'écoute du critique intérieur. Vous pouvez apprendre à éloigner les démons internes du perfectionnisme de votre Soleil en Vierge en mettant votre attention au service de quelque chose qui est sacré pour vous. Chez les signes régis par Mercure, le mental passe sans cesse d'un sujet à l'autre et, dans le cas de la Vierge, cela peut se manifester par la recherche systématique de tous ses défauts.

Si tous ceux qui ont le Soleil en Vierge ne sont pas introvertis, ce signe a en tout cas l'attention tournée vers ses propres réserves énergétiques. La mission de la Vierge est de savoir quelles sont les réserves auxquelles vous avez accès, lesquelles doivent être allouées avec parcimonie et lesquelles se régénèrent immédiatement. Quand votre Soleil en Vierge a les nerfs à vif, vous pouvez les apaiser en nettoyant, en jetant et en purifiant. Ces rituels quotidiens ou terre à terre peuvent devenir des petits rites de passage pour vous. Mettre les choses en ordre favorise la circulation de l'énergie mentale, physique et émotionnelle.

La vierge en tant que symbole est l'archétype des individus qui ne s'appartiennent qu'à eux-mêmes. La Vierge est la prêtresse et, ici, le Soleil a un talent pour les voies de la guérison naturelle. Étant donné que la Vierge est très douée pour comprendre les systèmes, ici votre Soleil vous enjoint à employer votre énergie dans ce qui clarifie, précise et identifie le problème ainsi que son remède.

Quand votre Soleil en Vierge est dénaturé, vous pouvez dépenser toute votre énergie à être hypercritique, à vous ingérer dans tout et à saboter tous vos efforts par manque d'exactitude. La Vierge peut faire d'une mouche un éléphant, passer à côté de l'amour pour un défaut d'élocution et rater le moment présent en idéalisant ce qui devrait être. Votre Soleil en Vierge vous demande de trouver toutes les pistes possibles où mettre en œuvre votre énergie, votre expertise et vos efforts, afin de vous rendre utile et de vous sentir ainsi validé dans votre existence.

Affirmations

- Je me pardonne. Je m'aime pour mon humanité.
- La chose la plus parfaite que je puisse accomplir, c'est mon dévouement à mon processus.

Questions de réflexion

- Comment votre critique intérieur vous entrave-t-il dans votre faculté d'agir, de créer, de construire avec les autres ou d'être présent dans votre vie ?
- Que tenez-vous à accomplir à la perfection ? Dans quelles circonstances cela vous sert-il ? Dans quelles circonstances cela compromet-il votre capacité à mener à bien un projet ?
- Avez-vous la sensation que votre disposition à être exigeant est liée au but de votre vie ? Dans quelles parts de votre vie votre discernement vous est-il le plus utile ? Dans quelles parts de votre vie votre aptitude à comprendre les systèmes de guérison vous aide-t-elle à découvrir des aspects de votre vocation ?

SOLEIL EN BALANCE

♎ ☉

Dans ce signe cardinal d'air qui amorce les relations, le Soleil en Balance s'emploie à trouver l'équilibre entre le soi et les autres. Entre les formes et les sons. Entre les textures et les tons. Le Soleil en Balance est l'artiste facile à aimer. Le créateur de liens. Le faiseur de paix. Le solutionneur de problèmes attachant. Le diplomate. L'activiste. Signe cardinal régi par Vénus, la Balance est ici pour amorcer les relations et les partenariats esthétiques.

Votre Soleil en Balance brille en étant juste, mesuré et disposé à faire des compromis, prenant toujours en compte les sentiments de l'autre, ses besoins, et la moindre déviation de son humeur. Vous brillez en étant accessible, en manifestant votre bienveillance et en facilitant la vie aux autres dans les moments difficiles. Votre Soleil en Balance contribue à apaiser les malaises en gérant tous les déséquilibres de manière presque instinctive.

En Balance, le Soleil est en position de chute, ce qui signifie qu'il est à l'opposé du lieu où il est félicité et remarqué pour son courage, sa force et sa bravoure (Bélier). Avec le Soleil en Balance, vous êtes ici pour démontrer que vous êtes diplomate, juste, placide et ouvert à tous les points de vue, mais la dépendance de la Balance à l'égard de l'affection des autres fait obstacle à la mission entreprise par le Soleil. Le Soleil est censé s'exprimer quelles qu'en soient les conséquences.

Quand le Soleil est placé dans un signe qui se préoccupe excessivement des sentiments des autres, de ce qu'ils peuvent penser de vous ou de la meilleure manière d'établir avec eux des relations apaisées, votre capacité à être résolument vous-même, brillant à votre guise (la mission du Soleil), peut être entravée.

Votre Soleil en Balance perçoit chaque injustice, chaque affront, chaque arrangement inéquitable – vous laissant parfois dans l'insatisfaction de vos propres besoins. Dans votre recherche d'une apparente équité, vous retrouvez-vous souvent perdant ?

Votre Soleil en Balance vous rend accessible, car, de bien des façons, c'est là votre mission. Vous attirez les autres par votre naturel facile à vivre qui rend pour beaucoup votre compagnie apaisante, sinon séduisante. Quand il est dénaturé, votre Soleil en Balance peut être indécis, chercher à plaire à tout prix, faire preuve de vanité et avoir du mal à être franc par peur de devoir gérer la contrariété de l'autre.

Le Soleil en Balance offre d'incroyables dons d'équilibre, d'harmonie et de justice, mais vous devez apprendre qu'il n'y a pas de mal à centrer vos propres besoins dans votre propre vie.

Affirmations

- La discorde est une part importante de la croissance.
- Je ne peux satisfaire réellement que moi-même, donc c'est par là que je commence.

Questions de réflexion

- Dans quels aspects de votre vie autorisez-vous la discorde, le déséquilibre et la disharmonie ?
- À quel pouvoir vous reliez-vous quand vous éprouvez un sentiment d'authenticité esthétique ?
- Avez-vous la sensation que votre capacité à créer de la beauté, à amorcer des relations et à maintenir l'harmonie est liée au but de votre vie ? Dans quels aspects de votre vie ressentez-vous que la création de relations est un pont vers l'incarnation du but de votre vie ?

SOLEIL EN SCORPION

♏ ☉

Le Soleil dans ce signe fixe d'eau brille d'un éclat au charme mystérieux. L'eau fixe ne coule pas librement, mais se concentre profondément. Elle abrite des secrets telle une monnaie d'échange et tient son énergie tout près, comme une bonne main au poker. Ce signe ne saurait être floué. Il aura certainement perçu vos intentions avant que vous ne les connaissiez vous-même.

Régi par Mars, le Scorpion transperce les défenses psychologiques qui abritent la vérité. Votre Soleil en Scorpion brille par une personnalité qui pénètre les mondes émotionnel, psychologique et psychique. Il cherche à connaître le secret derrière le secret. Tel un iceberg, votre Soleil en Scorpion a une qualité immuable. Sa profondeur ne saurait être pleinement appréciée au premier regard. Votre Soleil en Scorpion préfère toujours dissimuler un aspect de son pouvoir, en tout cas jusqu'à ce qu'on lui rentre dedans. Gardiennes des registres émotionnels d'une vie, les eaux glacées du Scorpion, si elles venaient à dégeler d'un coup, produiraient des marées montantes qui pourraient nous faire tous chavirer.

Du fait de la nature fixe de ce signe, si vous y avez votre Soleil, vous aurez tendance à développer une personnalité qui n'est pas facilement influençable. Votre pouvoir réside dans votre capacité à concentrer votre énergie. Vous pouvez ne pas gagner sur le moment, mais en réalité vous jouez la plus longue partie que l'humanité ait connue. Votre Soleil en Scorpion n'est pas impulsif ; il est au contraire résolument stratégique. Avec une telle force et une telle concentration, vous avez une résilience qui intimide souvent les autres. Le Scorpion recule rarement devant les horreurs, les difficultés ou les catastrophes. Votre Soleil en Scorpion sait qu'être en lien avec la totalité de l'expérience de la vie, y compris la mort, est source de régénération et de puissance, et constitue précisément le sens de notre présence ici.

L'animal scorpion, symbole de ce signe, attend sa proie. Il ne chasse pas. Il ne court pas après toutes les possibilités. Il ne perd pas son temps en poursuivant ce dont il n'est pas certain. Mais une fois qu'il a un objectif en ligne de mire, vous pouvez être sûr qu'il affrontera tous les obstacles, de l'agonie à l'angoisse existentielle en passant par l'ennui, pour l'atteindre.

Affirmations

- Je me fie à mon instinct ; ses messages sont un cadeau.
- Mes transformations personnelles font naturellement partie de mon processus de vie.

Questions de réflexion

- Éprouvez-vous souvent le besoin de traverser des transformations personnelles pour vous sentir vivant ? Quelles ont été certaines de vos transformations les plus extrêmes ?
- Quand vous n'avez rien qui vous appartienne en propre, avez-vous tendance à contrôler vos circonstances extérieures ? Comment cela se manifeste-t-il dans votre vie ?
- Avez-vous la sensation que votre capacité à démontrer et à utiliser votre pouvoir, à garder des secrets pertinents, à enquêter et à œuvrer pour la transformation, est liée au but de votre vie ? Si cela ne s'est pas encore révélé à vous à cette étape de votre vie, l'idée même vous paraît-elle valorisante ?

SOLEIL EN SAGITTAIRE

♐ ☉

Le Soleil dans ce signe mutable de feu sait déambuler. Le Sagittaire est un chercheur et, quand le Soleil occupe ce signe, la personnalité développée est généralement philosophe, sûre d'elle-même et optimiste. Vous êtes ouvert à la vie dans toutes ses variations. Avec Jupiter comme planète maîtresse de votre Soleil, c'est notamment en faisant les choses en grand que vous incarnez le but de votre vie et, selon toute probabilité, vous aurez envie de tout faire au moins une fois.

Quand une chose est bonne, votre Soleil en Sagittaire en réclame beaucoup. Aimant galoper à l'horizon, cet exubérant signe de feu carbure à la foi et à l'information, qu'il consomme à foison. Jupiter est la planète de la sagesse, représentant les enseignants, les savants et les prêtresses de tous ordres. Ici, votre Soleil adopte ces archétypes et les exprime à travers la personnalité.

Le symbole du Sagittaire est le centaure portant un arc et une flèche pointée vers la vérité. Votre Soleil en Sagittaire est comme cette flèche lancée dans l'espace, visant les réponses ultimes aux questions les plus profondes de l'existence et cherchant à découvrir en quoi croire et comment stimuler et encourager tous ceux que vous rencontrez.

Comme tous les signes mutables, le Sagittaire a un corps double. Mi-homme, mi-cheval, ce signe de feu se caractérise par son besoin de mener de front des projets multiples. Du fait que votre Soleil en Sagittaire se déplace dans toutes les directions, vous pouvez avoir du mal à faire des choix, mais vous êtes aussi plus susceptible d'avoir de l'énergie à consacrer à beaucoup de choses simultanées. Les signes de feu ont un talent particulier pour savoir quand saisir les opportunités. Il vous faut de l'espace et de l'autonomie pour pouvoir agir selon votre intuition.

Le Soleil en Sagittaire peut être inconsidéré et insensible. En tant que signe de feu, vous êtes animé par un fort besoin d'agir, mais cela vous laisse peu de temps pour réfléchir à l'impact que vos actes peuvent avoir sur les autres. Régi par Jupiter, planète de l'exagération, le Soleil en Sagittaire peut, malgré ses bonnes intentions, s'attirer des ennuis. Les natifs du Sagittaire doivent trouver les couloirs de course qui sont les leurs sur la piste de la vie, et donner aux autres l'inspiration d'en faire de même, à leur manière.

Affirmations

- Je marque le pas pour envisager ce que je rate peut-être dans ma précipitation.
- Ma foi exubérante crée ma chance.

Questions de réflexion

- Dans quels aspects de votre vie vous sentez-vous libre d'évoluer à votre propre rythme ? Dans quels aspects de votre vie avez-vous tendance à vous surmener ? Pourquoi ?
- Les gens vous disent-ils souvent que vous êtes source d'inspiration ? D'après vous, qu'est-ce qui les inspire exactement ?
- Avez-vous la sensation que votre disposition à incarner l'optimisme, la foi et la sagesse est liée au but de votre vie ? En quoi ? Votre aptitude à chercher des solutions ou à puiser dans vos réserves énergétiques d'abondance guide-t-elle votre capacité à accomplir le but de votre vie ?

SOLEIL EN CAPRICORNE

♑ ☉

Dans ce signe cardinal de terre, votre Soleil en Capricorne trouve les moyens d'exploiter concrètement vos ressources. Le Capricorne aime faire en sorte que tout fonctionne. De tempérament terre à terre, le Capricorne est intéressé par ce qui peut l'aider à atteindre le sommet de son choix et ne s'embarrasse pas de ce qui ne lui sert pas. Ici, votre Soleil développe une réputation pour la performance.

Votre Soleil en Capricorne est certainement capable de briller tout en étant pragmatique, mais ce pragmatisme découle de votre usage créatif des outils dont vous disposez. Dans cette démarche, vous devez maîtriser l'art de la retenue. De tous les signes, le Capricorne est celui qui comprend le mieux le concept de gratification à long terme.

Le Capricorne est régi par Saturne. Planète la plus lente du système traditionnel, Saturne apprécie le don du temps. Il faut de nombreuses lunes pour traverser une année, et le Capricorne et Saturne ont l'un comme l'autre un don inné pour conserver leur énergie.

Préférant souvent prendre son temps pour développer sa pleine expression, votre Soleil en Capricorne est un beau grisonnant qui attend son heure. Comme le bon vin, il se bonifie avec l'âge.

Avec pour mascotte le poisson-chèvre, vous êtes capable de gravir toutes les montagnes et de nager dans les profondeurs de toutes les mers. Votre Soleil est certainement fasciné non seulement par l'idée d'escalader les structures qui vous intriguent, mais aussi par la perspective de ruminer dans les eaux de la création. Pas toujours émotif en apparence, vous vous aventurez dans le monde des sentiments à vos propres conditions. Les chèvres des montagnes sont des créatures solitaires, après tout.

Régi par la planète aux anneaux, votre Soleil en Capricorne est très porté sur les limites. L'autonomie est le style de votre Soleil et votre stratégie de survie. Vos règles d'engagement doivent être prises au sérieux – par vous-même et par tous ceux qui recherchent votre dévouement. Les autres peuvent ne pas connaître vos limites mais, s'ils venaient à les dépasser, ils ne manqueraient pas de le savoir.

Quand il est dénaturé, votre Soleil en Capricorne peut devenir rigide, démesurément sceptique, critique et dur. Comme sa planète maîtresse, Saturne, votre Soleil en Capricorne peut se faire extrêmement distant. Vous avez certainement du mal à créer du lien juste pour la forme. Avec cette position, il est peu probable que vous recherchiez le réconfort auprès des autres ; ce qui vous fait du bien, c'est plutôt de vous conduire selon votre code de déontologie propre. Vous devrez peut-être apprendre à vous ouvrir aux opportunités de la vie afin de ne pas manquer les fruits de votre labeur à force d'être trop occupé à cultiver vos champs.

Affirmations

- Ma responsabilité est d'honorer l'amour, la joie et le plaisir autant que j'honore mon travail dans le monde.
- J'honore mon besoin de solitude.

Questions de réflexion

- Quelle part de vous a tendance à souffrir ou à se priver dans la poursuite des choses qui vous tiennent le plus à cœur ? Est-ce nécessaire ?

- De quoi ou de qui vous sentez-vous le plus responsable ?

- Avez-vous la sensation que votre capacité à manifester votre énergie créative en faisant preuve de constance, de responsabilité, de retenue et de fiabilité participe du but de votre vie ? Si vous n'êtes pas encore parvenu à cela, est-ce une idée qui éveille un écho en vous ?

SOLEIL EN VERSEAU

♒ ☉

Dans ce signe fixe d'air, votre Soleil exprime sa nature en concentrant votre énergie sur vos aspirations intellectuelles. Votre Soleil en Verseau vous aide à développer une personnalité qui vous fait connaître pour votre capacité à comprendre et à inventer des systèmes adaptés au plus grand nombre. Le Soleil dans un signe d'air s'exprime à travers l'intellect, la communication et la faculté d'échanger des idées ; cela dit, le Verseau étant (traditionnellement) régi par Saturne, c'est un signe quelque peu distant. Froid. Qui fait respecter ses limites. La planète aux anneaux a son propre mécanisme pour créer l'espace dont elle a besoin.

Le symbole du Verseau est un porteur d'eau qui verse ses libations à l'humanité. Ici, le Soleil a un incroyable don de vision infaillible. Le Verseau est un signe doué pour le discernement intellectuel, qui se garde d'être exubérant tant qu'il n'a pas la pleine maîtrise d'une situation. Sa clarté tend à transpercer la confusion de l'affectivité de sorte que les problèmes puissent être résolus.

Le Soleil est en exil en Verseau, signe opposé à son domicile du Lion. Ici, le Soleil doit fonctionner dans un signe focalisé sur le collectif plutôt que sur ses besoins personnels. Le Soleil en Verseau est d'ordinaire plus à l'aise dans la contemplation de l'humanité que dans les échanges affectifs avec d'autres humains (sauf si un autre élément du thème vient s'y opposer). Chez les signes d'air, la tête est généralement un espace plus confortable que le cœur. Le mental est le plus grand atout du Verseau, mais il peut toujours devenir une faiblesse si le reste de l'être n'est pas développé.

De même que le Soleil est en difficulté dans le signe de la Balance, axé sur les relations (sa chute), de même en Verseau (son exil) il perd de sa force en délaissant l'expression de soi. Cela ne signifie pas que le pouvoir ou l'obsession de soi ne puissent pas faire partie de votre vie, mais simplement que l'accent est placé sur votre aptitude à créer des structures qui favorisent l'égalité.

Le Soleil en Verseau peut indiquer une personne qui fonctionne différemment des autres. Vous ne dépendez pas de l'attention que le Soleil recherche habituellement, ce qui peut vous donner un air détaché.

Vous pouvez avoir une intelligence supérieure à la moyenne, mais c'est aussi par ce biais que votre Soleil dénaturé a tendance à se manifester. Votre Soleil en Verseau peut adopter une posture tellement logique que vous pouvez être tenté de dédaigner les messages de votre cœur. Apprendre à ressentir, à exprimer vos émotions et à être en relation avec votre être physique peut faire des merveilles. Une fois que vous êtes relié à la sagesse qui réside à cet endroit, rien ne peut vous arrêter.

Affirmations

- Mes émotions ont leur logique propre.
- J'ai le droit de ne pas savoir quoi faire, quoi dire ou quoi penser d'une situation.

Questions de réflexion

- Dans quelles parts de votre vie êtes-vous le mieux servi par la logique ? Dans quelles parts de votre vie le recours exclusif à la logique limite-t-il votre croissance ? Dans quels aspects de votre pensée avez-vous tendance à devenir excessivement rigide ?
- Qu'est-ce qui vous aide à développer et à maintenir un lien avec votre vie émotionnelle ?
- Avez-vous la sensation que votre aptitude à comprendre les systèmes et à savoir quelles innovations leur apporter ou que votre capacité à démontrer et à diriger vos facultés intellectuelles sont liées au but de votre vie ?

SOLEIL EN POISSONS

♓ ☉

Dans ce signe mutable d'eau au corps double, votre Soleil en Poissons cherche à se déplacer dans toutes les directions. L'eau sans contenant s'infiltre dans les recoins de toute surface qu'elle atteint. Être à la fois humide et mutable vous donne un caractère malléable, parfois crédule, capable de s'adapter, contemplatif et porté sur l'illusion. Ici, votre Soleil vous encourage à développer une personnalité qui rassemble des influences de sources aussi variées que possible. Votre Soleil en Poissons ne peut s'empêcher d'imprégner votre environnement, vous donnant la réputation d'être une personne pacifiste et pleine de compassion, de bienveillance et d'empathie. Soignant, guérisseur, artiste et poète né, votre Soleil en Poissons est certainement doué pour laisser une empreinte sur le monde.

Les Poissons sont un signe hautement fertile, et ici votre Soleil brille en étant polyvalent. Ce qui vous revigore, c'est de vivre autant d'expériences que possible, tant dans le monde physique qu'au-delà. Non pas que vous n'ayez pas besoin de moments de repos et de réflexion profonde. Comme tous les signes d'eau, les Poissons doivent récupérer l'énergie émotionnelle qu'ils diffusent. Comme tous les signes mutables, les Poissons peuvent également se sentir épuisés à force d'éparpiller leur attention dans tous les sens.

Ce signe est symbolisé par deux poissons nageant dans des directions opposées et reliés par une corde. Ce symbole matérialise le paradoxe niché au cœur de cette figure. Telles deux personnes sur le même bateau ramant dans des directions opposées, les Poissons peuvent dépenser beaucoup d'énergie à nager en rond. Si ce tourbillon peut finir par le conduire vers une autre dimension, le Soleil en Poissons est une personnalité qui est souvent tiraillée, désirant tout vivre, douée pour beaucoup de choses et rapidement ennuyée par la constance.

Les lignes de vie sont loin d'être linéaires pour vous. Vous nagez au rythme de vos propres flots, suivant les courants de votre vie plutôt qu'une voie toute tracée. On peut vous reconnaître une qualité mystique et insaisissable. Cela peut en énerver certains, mais vous avez la capacité de vous évaporer à tout moment. Votre Soleil en Poissons est un roi de l'évasion.

Quand il est dénaturé, le natif des Poissons peut se transformer en martyr, vagabond, déstructuré, distrait, perdu, abasourdi et désorienté. Les Poissons ont tendance à récupérer tous les chats errants et tous les oiseaux tombés du nid. La compassion est la plus noble des qualités mais, si elle n'est pas accompagnée d'une bonne dose de discernement, elle n'est pas d'une grande utilité. Si vous avez le Soleil en Poissons, il vous sera toujours bénéfique d'explorer vos limites personnelles. Ce savoir est vital. Vous n'avez pas la responsabilité de guérir le monde entier – ni qui que ce soit, du reste.

Affirmations

- Je me réapproprie l'énergie que je disperse dans le monde qui m'entoure.
- C'est en définissant clairement mes désirs et mes besoins que j'apprends à prendre soin de moi.

Questions de réflexion

- Dans quels aspects de votre vie votre sensibilité est-elle une force pour vous ?

- Avez-vous tendance à être submergé par les sentiments des autres ? Si oui, qu'est-ce qui vous aide à vous purifier et à vous décharger de ce que vous avez pu récupérer chez eux ?

- Avez-vous la sensation que votre aptitude à avoir de l'empathie pour les autres, à faire preuve de compassion et à manifester vos visions créatives est liée au but de votre vie ? Avez-vous la sensation que vous êtes capable de mettre votre sensibilité ou votre imagination au service de quelque chose d'épanouissant dans la vie ?

LA MAISON DE VOTRE SOLEIL
DANS QUEL DOMAINE DE LA VIE DEVEZ-VOUS BRILLER ?

Dans quelle maison votre Soleil se trouve-t-il ?

Rappelons que la planète correspond au protagoniste, le signe à son costume et la maison au cadre des événements. Ainsi, la maison qui abrite votre Soleil représente le domaine dans lequel vous devez apprendre à briller, à développer votre personnalité et à réaliser une part du but de votre vie.

Par exemple, si votre Soleil est placé dans le signe de la Vierge, connue pour ses qualités d'endurance au travail, d'analyse et de précision réfléchie, et qu'il se trouve dans la maison II des moyens de subsistance, des actifs et des ressources, cela indique que le but de votre vie doit sans doute s'accomplir par le biais du travail que vous exécutez pour subvenir à vos besoins. C'est en trouvant du sens dans votre travail que vous donnerez du sens à votre vie. Vous pourriez par exemple être écrivain (la Vierge est généralement assez habile avec les mots) spécialisé dans la critique sociale. Vous pourriez aussi être analyste, médecin, guérisseur ou herboriste. L'idée, c'est que vous devez développer votre identité personnelle (le Soleil) au regard de votre relation à l'argent, aux ressources et aux moyens de subsistance (maison II), à travers une approche réfléchie, aidante, analytique, minutieuse et thérapeutique (Vierge).

Le Soleil de Maya Angelou est exalté en Bélier (le signe qui procure au Soleil de la force et une possible notoriété) dans la maison IX des voyages, des études, de l'édition et de la philosophie. Comme tous les astres, le Soleil a une maison dans laquelle il est dit « en joie » : il s'agit de la maison IX, que l'on surnomme traditionnellement la « maison de Dieu ». La joie d'une planète correspond à la maison dans laquelle elle est le plus à l'aise et à même de remplir sa mission en toute confiance. Cette configuration – un Soleil exalté dans la maison de sa joie – est particulièrement puissante. Elle a donné à Maya Angelou une assurance, une habileté et une vitalité qui lui ont permis de se frayer un chemin dans le domaine de l'édition. Ainsi, il n'y a rien d'étonnant à ce que le premier livre de Maya Angelou, *Je sais pourquoi chante l'oiseau en cage*, ait complètement renversé l'opinion répandue dans l'industrie de l'édition selon laquelle l'autobiographie d'une femme noire n'aurait aucun succès. Cette première œuvre aborde sans détour l'impact de la suprématie blanche, en particulier au regard de l'esclavage et de Jim Crow dans le sud des États-Unis, et c'est aussi l'un des premiers livres qui traite explicitement du viol d'enfant. Best-seller pendant deux ans, il reste à ce jour un incontournable dans le canon de la littérature américaine.

Le moment est venu de choisir votre propre aventure. Passez directement à la section qui traite de la maison occupée par votre Soleil.

SOLEIL EN MAISON I

La maison I représente la vitalité, l'énergie, le soi, le corps et l'apparence. C'est la seule maison du thème axée sur notre propre identité ; toutes les autres maisons portent sur d'autres aspects de notre vie. En conséquence, toute planète située en maison I exige de faire partie intégrante de la personne que nous sommes.

Si vous avez le Soleil en maison I, vous devez apprendre à réaliser votre potentiel par le biais de votre personnalité. Par vous-même, pour vous-même. Cela ne signifie pas qu'être en relation ne fasse pas partie de votre vie, ni que les relations elles-mêmes ne jouent pas un rôle essentiel dans le but de votre vie, mais que vous devez absolument trouver un moyen pour votre Soleil de briller. Du fait que la maison I et le Soleil ont tous deux trait au soi et à l'énergie de la force vitale, le développement personnel peut prendre ici une place exagérée. Le soi et la personnalité doivent être incarnés selon le style du signe de votre Soleil et de toutes les autres planètes qui siègent avec lui. Votre Soleil vous exhorte à trouver tous les moyens authentiques d'exprimer votre nature solaire et de découvrir comment celle-ci peut servir votre vie et son but.

Questions de réflexion

- En quoi votre personnalité est-elle au service du but de votre vie ?

- Êtes-vous quelqu'un qui reçoit de la reconnaissance pour ce que vous faites et pour qui vous êtes (même si cela vous met mal à l'aise) ?

- Être vu dans le monde, est-ce pour vous source de conflit ou d'aisance ?

SOLEIL EN MAISON II

☉

La maison II représente nos possessions, notre argent, notre valeur et notre propriété. Si vous avez le Soleil en maison II, les revenus, les ressources financières, la propriété, l'estime de soi et le travail sont essentiels à votre développement personnel. Avec cette position, vous devez trouver un travail qui vous permette de briller, de prendre votre place et de réaliser votre potentiel. Votre identité est un atout qui vous aide à subvenir à vos besoins. L'un des plus grands défis auxquels la plupart d'entre nous sommes confrontés, c'est de trouver les moyens de tirer un revenu sans nuire davantage à notre monde et à nous-mêmes. Le capitalisme prospère par l'exploitation des personnes et de la terre. L'exploration de votre identité à travers la manière dont vous choisissez d'aborder, de bouleverser ou de réinventer l'échange entre le travail et les biens peut être un thème central dans votre vie. Le type d'emploi que vous allez exercer dépend en partie du signe dans lequel se trouve votre Soleil mais, dans tous les cas, votre développement doit absolument passer par les modalités et le lieu de votre subsistance. Cela n'a aucune implication sur la quantité d'argent que vous gagnerez, ni sur l'aisance avec laquelle vous parviendrez à subvenir à vos besoins. Cela indique simplement le domaine de la vie dans lequel vous devez apprendre à prendre votre place, et ainsi découvrir qui vous êtes et quel est votre potentiel.

Questions de réflexion

- Dans quels aspects de votre vie professionnelle vous sentez-vous compétent, confiant et utile ?
- Parmi les qualités propres à votre signe, lesquelles souhaitez-vous le plus exprimer dans la façon dont vous gagnez votre vie ?
- En quoi le but de votre vie est-il en partie accompli et exprimé dans votre rapport à vos atouts, à vos talents et à vos ressources ?

SOLEIL EN MAISON III

☉

La maison III représente la communication, les rituels quotidiens, le voisinage, les frères et sœurs, la famille élargie et les bons amis. En mouvement, nous sommes moins stables et plus sensibles aux influences du monde. Si votre Soleil se trouve en maison III, vous vous épanouissez probablement en déplacement et dans les espaces de transition. Ici, votre Soleil brille quand vous vaquez à vos occupations. Avec le Soleil en maison III, votre énergie doit être consacrée à la communication, à l'échange et à la diffusion d'idées, et vous jonglez généralement avec beaucoup de choses en permanence. Les relations avec les frères et sœurs, les cousins, la famille élargie et les amis proches jouent un rôle clé dans le développement du but de votre vie. Cela ne signifie pas que ces rapports soient simples, mais les enjeux qui surgissent en leur sein peuvent devenir déterminants pour vous. La maison III est aussi la maison des rituels, nommée traditionnellement le « temple de la Déesse » ; aussi, si vous y avez votre Soleil, cela peut impliquer une affinité naturelle pour les rituels spirituels, les cultures de la Déesse, les mythologies et les religions ou une place prépondérante de la spiritualité dans votre identité.

Questions de réflexion

- Combien de temps par jour passez-vous en mouvement, physiquement ou mentalement ?
- Vous sentez-vous plus vivant quand vous avez une variété de choses à faire chaque jour ?

- Combien de temps par jour passez-vous à lire, à écrire ou à parler aux autres ?

- Comment vos relations à vos frères et sœurs, à votre famille élargie ou à d'autres personnes ont-elles contribué à définir votre identité ?

SOLEIL EN MAISON IV

☉

La maison IV est celle du début et de la fin de toutes choses. C'est là que nous trouvons nos racines et nos traditions. C'est la maison des parents, des grands-parents et des ancêtres.

Si vous avez votre Soleil en maison IV, vous devez composer avec une identité profondément ancrée dans votre histoire familiale – que celle-ci soit positive ou compliquée. Cela ne veut pas forcément dire que vous éprouviez un sentiment d'appartenance à votre famille d'origine, ni que ces relations soient faciles pour vous, mais que votre développement personnel est étroitement lié au système familial dont vous êtes issu. Vous serez peut-être amené à travailler avec votre famille, à travailler depuis votre domicile ou à travailler avec d'autres familles. Avec le Soleil en maison IV, il est important d'explorer et de comprendre vos racines et votre généalogie. Peut-être vous sera-t-il également nécessaire de créer et de construire vos propres fondements et votre propre maison.

Questions de réflexion

- En quoi ressentez-vous, ou avez-vous ressenti par le passé, du réconfort ou un sentiment d'identité ou d'enracinement du fait de votre appartenance à votre famille ?

- Quels enjeux spécifiques à votre famille rendent difficile pour vous la découverte de votre propre identité ?

- Qu'avez-vous appris sur la nécessité de vous détacher suffisamment de vos racines pour établir votre propre identité ? Est-ce particulièrement difficile pour vous ?

SOLEIL EN MAISON V

☉

La maison V est le lieu du plaisir, de la joie, de l'expression de soi, des projets créatifs, des enfants, du sexe, de la sexualité, de l'énergie érotique et du romantisme. Si votre Soleil est en maison V, vous devez trouver des façons de briller dans ces domaines. La position du Soleil à l'endroit où l'on passe du bon temps peut aussi vous mener à consacrer une part importante de votre énergie à la recherche du plaisir. On peut compter sur vous pour détendre l'atmosphère, amuser la galerie et être le boute-en-train de service. Une partie de votre énergie vitale peut se trouver accaparée par des entreprises amoureuses, des jeux et d'autres activités qui vous amusent. Toutefois, ce qui pour le reste du monde est une simple distraction peut être pour vous un mode de fonctionnement.

Questions de réflexion

- De quels débouchés disposez-vous pour votre énergie créative ?

- Consacrez-vous une part considérable de votre énergie à l'amélioration de la vie des enfants ? Êtes-vous le parent ou l'adulte référent d'un ou plusieurs enfants et, si oui, est-ce l'un des rôles majeurs de votre vie ?

- Qu'apprenez-vous sur vous-même en passant du temps à développer des projets créatifs ou à vous amuser et à profiter de la vie ?

SOLEIL EN MAISON VI

☉

La maison VI représente la santé et les problèmes de santé, le travail, les employés, et les difficultés qui surgissent quand nos conditions de travail ne sont pas équitables. La position du Soleil en maison VI n'est pas nécessairement synonyme de problèmes de santé, temporaires comme permanents. Elle peut simplement indiquer une disposition particulière à gérer la douleur et la souffrance.

Avec votre Soleil dans cette maison, vous devrez apprendre à trouver un cadre de travail qui vous permettra de briller pleinement. Vous excellez probablement dans votre profession et dans son exécution ; aussi, il vous est indispensable de trouver les endroits et les individus avec lesquels vous souhaitez le plus vous aligner. Le Soleil est une puissante force de vie, et la maison VI est un endroit qui peut obscurcir sa lumière. La découverte de votre vitalité et du but de votre vie peut notamment impliquer de confronter, d'interrompre et d'aborder l'oppression systémique, en particulier au regard du travail, de la traite des êtres humains, de l'héritage et de l'histoire de l'esclavage, ainsi que des inégalités économiques.

Questions de réflexion

- Quel aspect du but de votre vie est lié aux mouvements de libération, de justice et d'égalité ?

- Au travail, est-ce que vous vous retrouvez souvent dans un rôle de soutien ? Quand cela est-il valorisant ? Quand cela est-il dévalorisant ? Avez-vous souvent tendance à vous surmener ?

- Qu'appréciez-vous dans votre corps ? Qu'est-ce qui vous dérange le plus dans votre corps ? Que faites-vous pour guérir votre relation à votre corps ?

SOLEIL EN MAISON VII

☉

La maison VII est l'endroit du mariage, des partenariats basés sur l'engagement et des relations d'affaires. Si vous y avez votre Soleil, cela signifie que le but de votre vie doit s'incarner en partie dans une relation ou en rapport avec les partenariats. Si indépendant que vous soyez, vous pourrez constater qu'être avec les autres constitue une voie principale vers la réalisation de votre potentiel. En général, quand on a le Soleil en maison VII, la vie est inondée de toutes sortes de relations engagées. De l'extérieur, cela peut avoir l'air agréable de vivre en autarcie mais, en réalité, il est souvent difficile de réaliser ses rêves tout seul.

Questions de réflexion

- Quels partenariats ont été importants dans le déploiement du but de votre vie ?
- Quelles remarques les personnes avec qui vous êtes associé vous font-elles souvent ?
- Est-il difficile pour vous de vous associer aux autres, tout en sachant que vous devez y parvenir dans cette vie ?

SOLEIL EN MAISON VIII

☉

La maison VIII représente la mort, l'héritage, les angoisses, les ressources d'autrui, et le partage de notre énergie, de notre temps, de notre talent et de nos atouts avec les autres. La position de votre Soleil dans la maison associée à la douleur psychologique issue de la perte peut engendrer chez vous une conscience aiguë de la souffrance – la vôtre comme celle des autres. Les thérapeutes, les spécialistes du traumatisme, les guérisseurs, les doulas de fin de vie, les conseillers en deuil, les médiums, et autres individus qui aident leurs semblables à traverser les eaux de nos états émotionnels les plus difficiles ont souvent un élément important de leur thème dans cette maison.

Si vous avez le Soleil en maison VIII, vous pouvez avoir subi de très grandes pertes dans votre vie, avoir vécu des expériences de mort imminente, avoir été en contact avec la maladie mentale ou avoir survécu à de nombreux événements qui vous ont conduit jusqu'aux confins de l'existence. Ces événements ont tendance à façonner et à révéler la nature de votre destinée, de votre volonté et du but de votre vie.

Plus concrètement, avec votre Soleil en maison VIII, vous découvrirez peut-être en vous une certaine habileté à exploiter les actifs, les ressources et les talents des autres au profit du plus grand nombre.

Questions de réflexion

- Avez-vous le don de mettre à profit la compétence ou la ressource d'une personne pour en tirer un résultat qu'elle n'aurait pas pu obtenir seule ?

- Vous sentez-vous particulièrement proche de la souffrance, de la douleur et de la perte des autres ?

- Le but de votre vie consiste-t-il en grande partie à créer et à maintenir des espaces pour les pratiques de guérison des traumatismes ?

SOLEIL EN MAISON IX

☉

En astrologie traditionnelle, la maison IX est surnommée la « maison de Dieu ». Le Soleil était considéré comme Dieu (et la Lune comme la Déesse, ce qui explique que la Lune soit en joie en maison III), aussi, il est en joie en maison IX. La position du Soleil dans cette maison lui confère une qualité et une puissance particulières. La maison IX est la maison de la spiritualité, de la religion, de la philosophie, des études supérieures, de l'édition, des voyages au long cours et des projets à long terme.

Avec votre Soleil en maison IX, c'est à travers l'exploration du monde que vous pourriez devoir trouver les moyens de votre expression. Toute profession qui vous permet d'embarquer pour des aventures internationales ou de rencontrer d'autres cultures et géographies est faite pour vous. Cela dit, il serait erroné de penser que le Soleil ici ne recherche que l'exploration physique. Il aspire aussi aux grands voyages philosophiques. Vous pouvez avoir des qualités (sinon le titre) de guide spirituel, d'éducateur, de dirigeant ou d'éditeur.

Questions de réflexion

- Les voyages vous remplissent-ils d'énergie ? Vous aident-ils à vous relier au but de votre vie ?

- La religion ou la spiritualité ont-elles joué un rôle important durant vos années formatrices ? Quelles expériences négatives avez-vous vécu au sein de la religion institutionnalisée ?

Quelles expériences positives avez-vous vécu dans des églises, temples, mosquées ou autres lieux de culte ?

- Les gens sont-ils souvent émerveillés par votre capacité à synthétiser les connaissances ? Si oui, qu'êtes-vous en train d'enseigner ou d'apprendre quand vous vous sentez le plus aligné avec votre vocation ?

SOLEIL EN MAISON X

☉

La maison X est celle de la carrière, de la vie publique, de l'éminence et de la réputation. Pour le Soleil en maison X, il est indispensable de se manifester dans le monde. Si c'est votre cas, vous vous devez de diffuser votre lumière dans les endroits et les espaces où elle sera vue. Il n'y a nulle part où se cacher en maison X. Ici, tout est public et soit votre personnalité sert de vecteur à votre profession, soit votre identité est liée aux fonctions que vous occupez dans le monde. Que vous soyez ou non à l'aise sous le feu des projecteurs, avec le Soleil en maison X, vous devrez tôt ou tard vous en accommoder, car soit vous y serez propulsé soit, si vous vous y refusez, vous aurez l'impression de ne pas avoir réalisé votre potentiel.

Questions de réflexion

- Quelles sont vos fonctions dans la sphère publique qui donnent du sens à votre vie ?

- Êtes-vous séduit par les éloges publics ? Les recherchez-vous parfois aux dépens de votre intégrité ?

- Vous retrouvez-vous souvent dans des fonctions professionnelles où votre personnalité est tout aussi importante que le travail que vous effectuez ?

SOLEIL EN MAISON XI

☉

Traditionnellement surnommée la « maison de la bonne humeur », la maison XI est associée à la bonne fortune issue des liens tissés avec les autres. La maison XI est celle des amis, des groupes, des associations, des alliés, de la communauté et de ceux qui partagent vos espoirs et vos rêves. Si vous y avez votre Soleil, c'est par le biais de vos connaissances que vous atteindrez vos objectifs dans la vie. Les amis, les groupes et les événements sociaux sont très importants pour vous. Plus vous cultivez la compagnie de personnes qui vous ressemblent, plus courte sera votre trajectoire et plus rapide sera la découverte du but de votre vie. La position du Soleil en maison XI vous indique que vous avez des relations bénéfiques à établir. Plus vous chercherez d'objectifs partagés avec d'autres, plus vous constaterez que ceux qui peuvent vous aider à les atteindre sont tout disposés à le faire.

Questions de réflexion

- Avez-vous la sensation que le but de votre vie s'incarne en partie à travers vos liens avec des communautés, des amis et des mécènes ? Dans quelles situations avez-vous eu « la chance » de connaître les bonnes personnes ou de vous trouver au bon endroit au bon moment ?

- La compagnie des individus qui partagent votre vision de l'avenir vous remplit-elle d'énergie ?

- Avez-vous de la difficulté à évoluer au sein de groupes tout en constatant que vous y êtes toujours placé ou qu'ils sont importants pour réaliser le but de votre vie ?

SOLEIL EN MAISON XII

☉

La maison XII représente les peines, l'autodestruction, la perte, l'incarcération, l'internement, l'inconscient collectif, la vie cachée, les secrets, le travail dans l'ombre et le puits d'énergie créative qui ne se révèle à nous que lorsque nous nous employons à guérir nos blessures les plus profondes.

Ici, votre Soleil peut vous enjoindre à travailler avec ceux qui sont ou ont été incarcérés ou avec des personnes aux prises avec toute sorte de maladie mentale, émotionnelle, spirituelle ou physique. Avec le Soleil en maison XII, il est important de consacrer du temps à l'exploration du fonctionnement de la douleur et de la souffrance. En étudiant ce qui maintient l'humanité dans la peine, vous serez aussi orienté vers ce qui libère notre potentiel créatif. Le Soleil en maison XII peut développer un profond respect pour la condition humaine et pour le chemin susceptible de nous conduire à notre libération ultime. Ici, il n'y a pas de solutions miracles, seulement un intense processus de transmutation du plomb en or dans le chaudron de notre âme. En outre, étant donné que cette zone du thème n'est pas visible, la position de votre Soleil à cet endroit peut impliquer un besoin de passer beaucoup de temps dans la solitude, dans le secret ou dans les chambres noires de la création.

Questions de réflexion

- Avez-vous tendance à briller dans les chambres noires, les studios, les incubateurs de créativité ou les espaces de méditation ? Avez-vous besoin de passer du temps seul dans ce type de lieu pour recharger et accéder à vos réserves d'énergie créative ?

- La maladie mentale, la perte, l'incarcération et la souffrance des autres ont-elles constitué une part importante de votre travail dans le monde ?

- Avez-vous un don pour repérer les besoins des autres ou les tendances qui deviendront pertinentes ou populaires ?

LES RELATIONS AVEC LES AUTRES PLANÈTES **QUI AFFECTE VOTRE CAPACITÉ À BRILLER ?**

Quelles planètes sont en aspect à votre Soleil ?

En astrologie, comme dans la vie, les relations ont une influence sur tout. Les aspects sont des relations entre les planètes. Certains aspects aident votre Soleil à s'épanouir avec aisance (le sextile et le trigone – les aspects « bénéfiques »), tandis que d'autres dressent des obstacles importants sur le chemin de la réalisation et de l'acceptation de soi (les carrés et les oppositions – les aspects « de défi »). Enfin, l'impact de certains aspects dépend entièrement de la planète en question (c'est le cas des conjonctions – les « aspects fusionnels »).

Dans de nombreux écrits astrologiques, les aspects sont appelés « observations », dans le sens qu'une planète en observe une autre. Quand quelqu'un nous observe, il peut parler de nous aux autres – en bien ou en mal. Que pourrait révéler l'observation de notre Soleil par son pire ennemi astrologique ? Saturne nous passe au crible, Vénus voit le meilleur en nous, Mars relève nos faiblesses et Neptune fantasme sur la personne que nous pourrions être.

Les planètes conjointes au Soleil se font connaître à travers la personnalité. Elles exigent de fusionner avec notre identité. Le Soleil, le soi, ne peut pas s'exprimer en dehors des planètes qui lui sont conjointes, et de ce qu'elles représentent. Les conjonctions peuvent être favorables ou présenter des défis selon la nature de la planète. Mars et Saturne présentent des défis, Vénus et Jupiter sont favorables, Mercure est généralement neutre, et Uranus, Neptune et Pluton sont mitigés.

Si nous reprenons le thème de Maya Angelou, nous voyons que son Soleil est conjoint à la fois à Jupiter, planète de l'optimisme, de l'abondance et de la prospérité, et à Uranus, planète de l'innovation, de la rébellion, de la rupture et du changement. Le thème de Maya Angelou est marqué par la réussite, ce qui se confirme par l'observation de son Soleil exalté dans la maison de sa joie et conjoint à Jupiter, planète encline à offrir les faveurs et la protection de l'exubérance, de l'optimisme, de la sagesse et de la générosité. Quand je remarque dans un thème une planète avec tant d'atouts, j'en prends note. C'est bien sûr à Maya Angelou qu'il appartenait de mettre à profit cette empreinte astrologique de succès pour en façonner une vie pleine de sens, comme c'est le cas pour chacun d'entre nous. Néanmoins, nous pouvons voir que, dès la naissance, elle avait directement accès aux dons qu'elle était destinée à transmettre. Plutôt que de se laisser aigrir par les circonstances de la vie, ce qui aurait été parfaitement compréhensible, Maya Angelou est devenue une artiste, une activiste et une enseignante dont le travail a tendu à la suprématie blanche un miroir réfléchissant l'origine du problème à lui-même. Jupiter représente notamment la faculté de surmonter l'adversité par la foi de l'individu dans sa capacité à s'élever au-delà des forces cruelles de l'oppression. Or, cela est sans doute le mieux exprimé dans l'illustre poème de Maya Angelou, *Still I Rise*, véritable ode à son travail d'artiste et d'activiste.

Par ailleurs, son Soleil siège à 10 degrés d'une conjonction avec Uranus, planète de l'éveil, de la radicalité et de la rébellion. Cet aspect est illustré par l'implication de Maya Angelou dans nombre de mouvements sociaux et d'actions pour la défense des droits civiques. Tout au long de sa vie, elle a porté une capacité à enrayer l'apathie, l'injustice et le préjudice à travers ses messages directs et réfléchis, ainsi que par le biais d'un travail acharné et sans gloire. Avant de devenir une auteure réputée, Maya Angelou était artiste et organisatrice. Elle a dirigé la Conférence du leadership chrétien du Sud de Martin Luther King Jr., a collaboré directement avec Malcolm X en tant que cofondatrice de l'Association culturelle pour les femmes d'origine africaine, et a rendu compte de la lutte anticoloniale en tant que rédactrice adjointe de l'*Arab Observer* lors de son séjour au Caire.

La conjonction du Soleil et d'Uranus peut cependant être aussi néfaste qu'elle est favorable. Planète de la rupture, Uranus a un don pour l'inventivité qu'il peut être impossible d'apprécier tant que l'on n'a pas appris à s'approprier ses excentricités. Cela explique notamment les rebondissements qui ont marqué la vie de Maya Angelou et son tempérament hors norme, mais aussi le chaos qu'elle a connu enfant, maintes fois baladée entre sa mère et sa grand-mère.

Le moment est venu de choisir votre propre aventure. Reprenez la liste d'aspects à votre Soleil que vous avez dressée page 54 et lisez les sections qui s'y rapportent. Ensuite, passez directement aux questions de réflexion à la fin de ce chapitre (page 119).

Aspects bénéfiques

SEXTILES

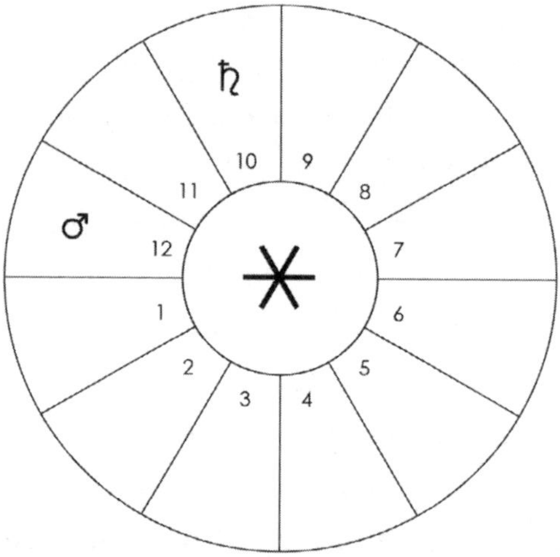

Le sextile est un angle de 60 degrés qui est avantageux et modéré mais favorable et encourageant[1]. Tout sextile d'une planète à votre Soleil a une influence bénéfique, même subtile.

Un sextile de votre Soleil à...

- **votre Lune** crée une relation harmonieuse entre le but de votre vie et la façon dont vous l'incarnez.

1. Vénus ne se situe jamais à plus de 48 degrés du Soleil, ce qui signifie qu'elle ne peut techniquement pas former de sextile avec lui. Elle peut être placée à deux signes du Soleil mais jamais à 60 degrés. Pour cette même raison, Vénus ne peut pas être en trigone, en carré ou en opposition au Soleil. Mercure ne peut pas se situer à plus de 28 degrés du Soleil et ne peut donc pas former de sextile, de trigone, de carré ou d'opposition avec lui.

- **Mars** insuffle à votre identité du courage et de l'énergie. Cet aspect favorise généralement votre capacité à vous frayer un chemin dans la vie sans vous laisser impressionner par ce qui effraierait la plupart.

- **Jupiter** encourage un optimisme et une foi dans la vie. Cet aspect amplifie votre disposition à créer des opportunités par le biais de votre enthousiasme et joue le rôle de bénédiction personnelle.

- **Saturne** vous aide à démontrer votre autorité, vos limites et votre discipline de manière positive. Cet aspect vous donne un air de meneur.

- **Uranus** donne à votre personnalité un côté excentrique qui vous permet de vous faire remarquer, de dire ce que vous pensez et de n'avoir aucune difficulté à être différent.

- **Neptune** prête à votre personnalité un côté rêveur, glamour et imaginatif. Cet aspect peut renforcer votre aptitude à vous lier aux autres à travers la compréhension et la compassion.

- **Pluton** produit de la profondeur, de l'intensité et un pouvoir indéniable. Cet aspect peut vous aider à vous lier à des personnes d'influence.

TRIGONES

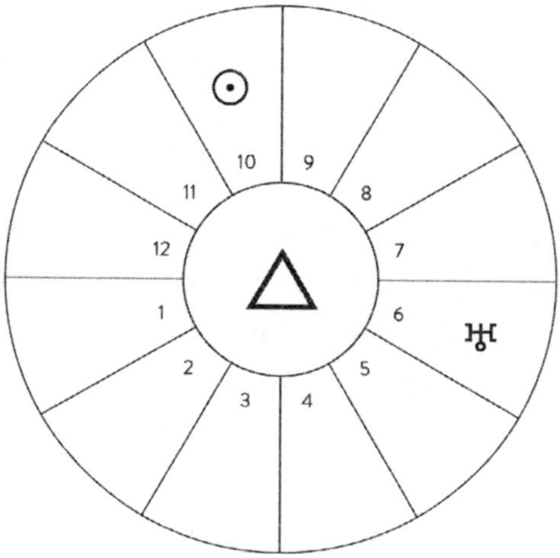

Le trigone est un angle de 120 degrés qui est harmonieux et favorable. Plus puissant que le sextile, le trigone est à même d'affecter la vie d'une personne de manière plus décisive. Tout trigone d'une planète à votre Soleil encourage vos talents et vos dons. Bien souvent, nous prenons ces dons à la légère, car ils nous viennent facilement. Quand nous obtenons quelque chose sans effort, nous lui accordons souvent une valeur moindre. Or, dans les moments difficiles, si nous portons notre attention sur les trigones de notre thème et sur les bienfaits qu'ils nous apportent, cela peut nous aider à nous remettre d'aplomb.

Un trigone de votre Soleil à...

- **votre Lune** crée une relation harmonieuse entre le but de votre vie et la façon dont vous l'incarnez.
- **Mars** donne au monde extérieur l'impression qu'il est facile pour vous de prendre des risques et de démontrer votre

force et votre courage. Cet aspect vous aide à défendre et à prendre soin de ce qui en a le plus besoin.

- **Jupiter** vous aide à vivre la vie de façon expansive, exaltante et exubérante, et à provoquer vous-même votre chance grâce à la croyance que tout finit toujours par s'arranger. C'est le trigone le plus puissant qu'une planète puisse recevoir ; si votre Soleil reçoit un trigone de Jupiter, cela indique une certaine forme de protection et de chance.

- **Saturne** vous offre le don de l'autodiscipline, de la structure et de la faculté d'accomplir tout ce que vous entreprenez. Cet aspect crée une identité qui s'épanouit en réalisant des objectifs.

- **Uranus** peut produire une personnalité qui n'a aucun mal à rompre avec la tradition et qui a besoin d'explorer l'expression de soi.

- **Neptune** apporte une sensibilité accrue, une imagination fertile et une attitude décontractée qui charme par son magnétisme.

- **Pluton** crée de la profondeur, de l'intensité et du pouvoir, et peut aussi vous aider à attirer les personnes d'influence.

Aspects de défi

CARRÉS

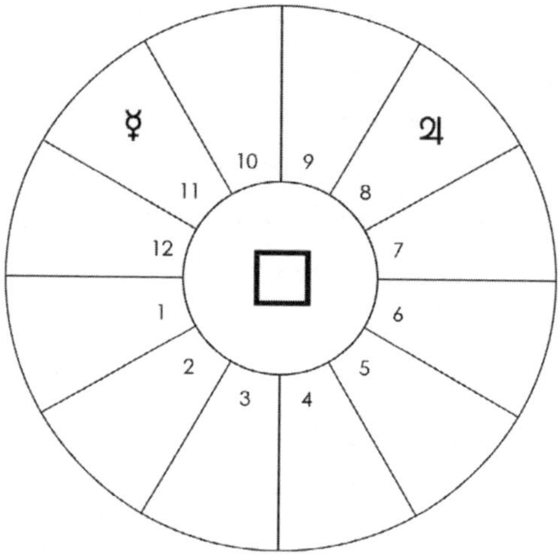

Une planète est en carré à notre Soleil lorsqu'elle se trouve à 90 degrés à sa gauche ou à sa droite. Les carrés sont sources de tension, d'irritation et d'action. Ils peuvent provoquer un malaise émotionnel, mental et potentiellement physique. Toutefois, ce malaise est de nature dynamique et peut nous inciter à passer à l'action pour pallier la discordance ressentie.

Un carré de votre Soleil à...

- **votre Lune** vous donne un désir d'action. En général, cet aspect apporte une sensation de tension interne qui est un moteur.
- **Mars** est un aspect difficile susceptible de produire de la violence, de la colère et de l'agressivité. Pourtant, si vous

l'apprivoisez, il peut vous aider à développer une aptitude à gérer des situations auxquelles les autres ont peur de se confronter et à canaliser votre énergie dans des actes de bravoure.

- **Jupiter** donne généralement une tendance à l'optimisme et à l'exubérance, mais peut aussi exagérer votre ego, votre amour-propre et votre foi dans vos talents et capacités.

- **Saturne** peut être vécu comme un obstacle qui vous vide de votre force de vie. Les responsabilités peuvent peser lourd et les critiques – internes ou externes – entraver votre chemin. Cependant, les efforts que vous devrez fournir pour dépasser ces obstacles feront ressortir le meilleur de vous. Le développement d'une discipline bienveillante et le dévouement à l'élaboration d'une vie pleine de sens peuvent vous libérer des manifestations plus oppressantes de cet aspect.

- **Uranus** peut être source de rupture pour vous ou à travers vous et avoir tendance à bouleverser le *statu quo* (pour le meilleur ou pour le pire). Cette empreinte crée une personnalité choquante ou contradictoire. Pour vous comme pour les autres, cet attribut peut sembler positif, nécessaire et exaltant, mais également déconcertant.

- **Neptune** peut produire une auto-illusion et un brouillement des limites, suscitant une difficulté à être constant, ancré et réaliste. Toutefois, Neptune apporte généralement des sensibilités et des talents artistiques qui, si vous vous les appropriez, vous permettront de vous relier à cette énergie fantasmagorique et de la mettre à profit.

- **Pluton** peut vous confronter à des situations marquées par la perte de contrôle, l'abus et la lutte pour l'affirmation de votre autonomie et de votre pouvoir. Cet aspect crée généralement une nature très profonde et introspective. Si vous choisissez de vous sortir des expériences éprouvantes de votre Pluton, vous êtes quelqu'un qui est à l'aise avec l'exploration des profondeurs de la psyché et de l'âme. Cela vous apporte un pouvoir personnel indéniable.

OPPOSITIONS

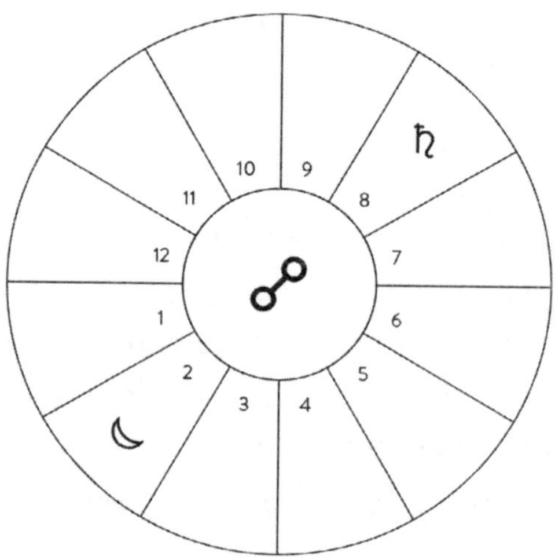

Une planète est en opposition à notre Soleil lorsqu'elle se trouve dans le signe qui lui est opposé. L'opposition est exacte quand la planète est distante de 180 degrés. Les oppositions nous présentent des défis, nous obligent à nous confronter à certaines choses et nous poussent à trouver l'équilibre même dans les moments difficiles.

Une opposition de votre Soleil à…

- **votre Lune** signifie que vous êtes né juste avant, pendant ou juste après une pleine lune. La pleine expression de votre potentiel dans le monde doit passer par le développement de partenariats importants et de collaborations créatives.

- **Mars** peut vous donner l'impression d'avoir perdu votre pouvoir, votre énergie, votre dynamisme et votre ambition dans des expériences néfastes sur le plan psychologique ou physique. Pour compenser cela, vous devez apprendre à gérer votre colère, à régler les conflits en conscience et à vous préserver du danger dans la mesure du possible.

- **Jupiter** peut créer une dynamique dans laquelle vous vous surmenez régulièrement à travers une alternance extrême de hauts et de bas. S'agissant de Jupiter, planète naturellement positive, la difficulté ne porte pas tant sur des obstacles à franchir que sur les dangers de l'excès.

- **Saturne** peut établir une dynamique dans laquelle vous vous sentez en désaccord avec une figure d'autorité (ou plusieurs), en particulier de nature patriarcale. C'est en trouvant les moyens de réaffirmer votre autorité propre à travers des efforts rigoureux et la mise en œuvre de vos talents que vous parviendrez à dépasser les sentiments d'infériorité, de honte, d'autocritique et de gêne que cette opposition peut susciter. Tous les aspects difficiles de Saturne deviennent plus faciles à gérer avec l'âge, car Saturne exige la maturité.

- **Uranus** peut être source de bouleversements, de dépressions, de ruptures, d'événements traumatiques, mais aussi de percées à même de changer le cours de votre existence. Votre personnalité doit incorporer une dimension exaltante, excentrique ou expérimentale.

- **Neptune** peut vous présenter des expériences difficiles susceptibles d'affaiblir vos limites, votre énergie et votre vitalité. L'anxiété, la dépression et la perte des repères sont fréquentes, surtout au début de la vie. Cet aspect peut vous faire adopter une stratégie d'adaptation consistant à préférer l'évasion à la responsabilité, le fantasme à la réalité et les illusions à ce qui se trouve devant vous. Si vous vous appropriez vos sensibilités, vous pourrez développer des dons de clairvoyance ou des talents artistiques, une compréhension de la souffrance des autres et une conscience avisée de l'interdépendance de toutes choses.

- **Pluton** vous relie à des sources de pouvoir qui peuvent vous sembler intimidantes. Dieu du monde souterrain, Pluton nous raconte ce qui se passe à l'abri des regards. Le crime, l'abus de pouvoir et le secret sont des thèmes auxquels peut être confrontée une personne ayant le Soleil et Pluton en opposition. Soit vous vivrez vous-même ces expériences, soit vous serez attiré par l'exploration des tabous, soit vous connaîtrez de nombreux vécus extrêmes. Vous devez apprendre à gérer vos obsessions et votre désir de contrôler la vie pour canaliser cette énergie au service d'un travail profond, cathartique et transformateur.

Aspects fusionnels

CONJONCTIONS

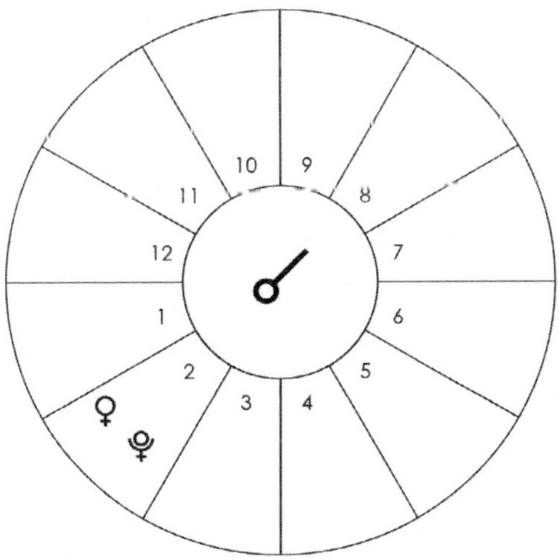

Une planète est dite conjointe à votre Soleil quand elle se trouve dans le même signe que lui. Cela se traduit par un mélange d'énergies, qui peut être positif ou négatif en fonction de la planète en question.

Une conjonction de votre Soleil à…

- **votre Lune** signifie que vous êtes né juste avant, pendant ou juste après une nouvelle lune. Avec cette position qui vous fait agir à l'instinct, vous aurez l'impression soit que ce n'est pas votre première fois (si vous êtes né juste avant une nouvelle lune ou si la Lune se situe à un degré qui précède le Soleil), soit que vous êtes totalement novice en la matière (si la Lune est exactement au même degré ou à un degré plus tardif que le Soleil). Avec l'une ou l'autre de ces positions, vous devez vous fier à vos réactions intuitives à la vie.

- **Mercure** est courante, car cette planète ne peut être distante du Soleil qu'à 28 degrés maximum. Cette combinaison peut créer une liaison claire et constante entre votre identité personnelle et votre style de communication avec le monde.

- **Vénus** est extrêmement favorable pour le Soleil. Vénus prête au Soleil une plaisante sympathie, un charme et une aise dans le maniement de l'énergie érotique et créative. Cet effet est renforcé si le Soleil et Vénus sont en Taureau, en Balance, en Poissons ou en Lion.

- **Mars** peut être difficile à assimiler pour le Soleil, au même titre que la conjonction entre Saturne et le Soleil. Les traits positifs de Mars sont le courage, la vitalité, le dynamisme et l'énergie. Les attributs difficiles de Mars ont plutôt trait à la colère, à la violence et aux blessures, psychologiques comme physiques. Si vous avez Mars conjoint au Soleil, l'un des principaux obstacles à l'accomplissement du but de votre vie est d'accepter que la controverse en fait justement partie. Si vous parvenez à canaliser votre esprit de compétition dans quelque chose d'utile, vous irez loin. Cette position est un peu plus fluide pour ceux qui ont le Soleil et Mars en Bélier, en Scorpion ou en Capricorne.

- **Jupiter** est extrêmement favorable pour le Soleil. L'enthousiasme manifesté par une personne avec une conjonction entre Jupiter et le Soleil est presque irrépressible. Votre personnalité est empreinte d'optimisme, de vitalité, d'exubérance et de positivité et vous êtes quelqu'un de philosophe qui a toujours du recul sur les situations. Ces traits sont plus prononcés si le Soleil est en Sagittaire, en Poissons, en Cancer, en Lion ou en Bélier.

- **Saturne** peut teinter votre caractère d'un certain pessimisme. Le penchant morose de cette planète peut être le nuage qui assombrit le désir du Soleil de briller de tout son éclat. En revanche, cet aspect peut aussi vous prêter la capacité d'évaluer les situations avec franchise et honnêteté. Il est important pour vous de trouver un travail qui ait du sens et auquel vous pouvez vous dévouer. Saturne a tendance à être injustement dur et, avec cette conjonction, vous pourriez devoir apprendre à lâcher du lest, faute de quoi il y a des chances que rien ne trouve jamais grâce à vos yeux, vous y compris. Avec cette combinaison, vous devrez généralement tempérer vos jugements par une certaine compassion envers vous-même et les autres. Cet aspect devient plus facile à vivre avec l'âge, à mesure que vous gagnez en maîtrise et en autonomie. Il est également plus aisé en Capricorne, en Verseau et en Balance.

- **Uranus** peut créer une personnalité exaltante, imprévisible, fantasque, novatrice et excentrique. Comme Uranus séjourne environ sept ans dans un signe, tous ceux qui sont nés avec le Soleil dans ce signe reçoivent cet aspect. C'est pourquoi je choisis de ne le considérer comme un aspect dominant de la personnalité et de la vie que si le Soleil et Uranus sont distants de 10 degrés maximum et qu'ils se trouvent dans le même signe.

- **Neptune**, avec un écart de 10 degrés au maximum, peut donner lieu à une certaine perte de soi, car Neptune diffuse tout ce qu'elle touche. De nature extrêmement poreuse, vous pouvez avoir tendance à trop vous identifier aux autres (ou l'inverse) et avoir besoin de travailler sur vos limites personnelles. Votre sensibilité incroyable doit être canalisée dans un travail ou dans des projets qui vous aident à vous relier à quelque chose de plus grand que vous. La spiritualité, l'addiction, le rétablissement, la guérison, le fantasme, l'art et les rêves peuvent jouer un rôle dans l'élaboration du but de votre vie.

- **Pluton**, avec un écart de 10 degrés au maximum, peut créer une personnalité intense qui a soif de contrôle. À terme, quand cette combinaison apprend à transformer les difficultés en carburant, rien ne peut l'arrêter. Peut-être devrez-vous explorer de nombreux aspects de la vie en lien au monde souterrain. L'accumulation des ressources peut devenir une obsession si vous confondez pouvoir intérieur et richesse extérieure.

Questions de réflexion

- Quelles planètes aident votre Soleil à briller ? Ressentez-vous leurs bonnes grâces ? Vous arrive-t-il de minimiser ces bienfaits ou de les prendre à la légère ? Qu'est-ce qui peut vous aider à tirer au mieux parti de ces faveurs dans votre thème afin de réaliser votre plein potentiel ?

- Quelles planètes entravent ou compromettent la capacité de votre Soleil de briller ? La découverte de ces éléments dans votre thème vous procure-t-elle un sentiment de validation ? Qu'est-ce qui peut vous aider à appréhender ces défis comme des vecteurs de croissance et non comme des obstacles inébranlables ?

- Qu'avez-vous appris sur votre Soleil que vous devez accepter radicalement afin d'incarner le but de votre vie ?

IV

LA DEUXIÈME CLÉ

VOTRE LUNE

Vos besoins physiques et émotionnels

De tout temps, la Lune a été une source d'inspiration évocatrice et mystérieuse pour l'humanité. Deuxième lumière la plus brillante dans notre ciel, la Lune est notre guide nocturne en perpétuelle évolution. Sur le plan astrologique, elle représente nos besoins, nos désirs et nos envies. Elle symbolise nos émotions changeantes, notre corps, le corps de la personne qui nous a donné naissance, la façon dont les adultes référents se sont occupés de nous et les récits de notre passé et de notre lignée.

Tout comme la Lune dans le ciel, la Lune dans notre thème réfléchit la lumière de notre Soleil, le but de notre vie. Elle nous révèle la manière dont nous incarnons ce but dans le monde physique. Elle dénote la façon dont nous manifestons notre être spirituel au quotidien. Elle reflète l'expérience de notre âme dans notre corps.

Malheureusement, il est souvent difficile d'appréhender cela sans jugement, car la culture dans laquelle nous évoluons juge notre corps. À force de vivre au sein de la suprématie blanche et de la culture qu'elle engendre, de nature classiste, misogyne, cisnormative, transphobe et porteuse de discriminations par la taille et la capacité physique, nous en arrivons souvent à dégrader notre corps. Le capitalisme tire profit de ce rejet de notre corps, nous persuadant d'investir notre énergie vitale et notre argent dans des produits visant à nous changer.

L'exploration de la Lune dans notre thème peut nous aider à faire sens de certaines expériences difficiles que nous vivons dans notre corps, et peut-être même à développer l'appréciation que nous en avons.

Comme avec le Soleil, il y a trois caractéristiques principales de votre Lune à examiner pour explorer les conditions physiques et émotionnelles qui vous sont nécessaires afin d'incarner le but de votre vie :

1. Le signe dans lequel elle se trouve (la manière dont vous comblez vos besoins physiques et émotionnels).

2. La maison qu'elle occupe (l'endroit où vous comblez vos besoins physiques et émotionnels).

3. Les autres planètes qui dialoguent avec votre Lune (les acteurs qui affectent votre capacité à combler vos besoins physiques et émotionnels).

À partir du moment où nous sommes en âge de satisfaire nos propres besoins, c'est à nous qu'il appartient de trouver la subsistance que nous recherchons. La Lune révèle ce dont nous avons besoin et la manière dont nous en avons besoin. Ce savoir peut nous aider à accepter radicalement qui nous sommes et à prendre meilleur soin de nous-même. Si votre Lune se situe dans un signe d'air, elle a soif de liens, de conversations, de relations (romantiques et autres) et de stimulation intellectuelle. Si votre Lune est dans un signe de terre, elle a besoin de construire quelque chose de concret, de travailler de façon à obtenir des résultats tangibles et de bénéficier de confort matériel et physique. Dans les signes d'eau, la Lune a besoin de recevoir de la nourriture affective, de pleurer, d'avoir un lieu où exprimer ses sentiments et de créer des liens affectifs. La Lune dans un signe de feu a besoin d'action, d'aventure et d'échanges passionnés au quotidien.

Points clés à retenir sur votre Lune

- Votre Lune représente vos besoins physiques et émotionnels, votre histoire, votre rapport aux soins donnés et reçus et votre relation à votre parent ou principal adulte référent. La Lune est le corps qui abrite l'âme tandis que celle-ci incarne son but.

- La Lune dans votre thème vous renseigne sur votre expérience physique du quotidien.

- C'est à travers la Lune que nous déployons le but de notre vie au quotidien.

- Le signe dans lequel se trouve votre Lune, la maison qu'elle occupe et les aspects qu'elle forme avec d'autres planètes de votre thème apportent des informations importantes sur la manière dont vous aimez passer vos journées, les activités que vous avez besoin d'exercer chaque jour et la meilleure façon de prendre soin de vous au quotidien.

LE SIGNE DE VOTRE LUNE
COMMENT COMBLEZ-VOUS VOS BESOINS PHYSIQUES ET ÉMOTIONNELS ?

Dans quel signe votre Lune se trouve-t-elle ?

Le signe de votre Lune indique le style avec lequel vous exprimez vos émotions, obtenez la satisfaction de vos besoins, tissez des liens et vivez votre vie quotidienne. Il témoigne aussi de votre vécu avec vos parents et adultes référents. À chaque signe sont associées certaines propriétés psychologiques, mais il est important de retenir que tous ne confèrent pas à la Lune la même puissance. Certains signes lui posent des difficultés, certains sont neutres et d'autres lui apportent un grand réconfort.

Frida Kahlo avait sa Lune en Taureau, signe dans lequel cet astre est en exaltation. Ici, la Lune a besoin de construire quelque chose qui soit pérenne, bien conçu et plaisant pour les sens. Dans un signe qui lui est si propice, la Lune est ici en mesure de réaliser le but de la vie avec assurance et reconnaissance.

Régi par Vénus, le signe du Taureau est connu pour son penchant pour les bijoux. Vénus adore se parer. Le signe fixe de terre aime les pierres, les cristaux et toutes les gemmes qui accrochent le regard et apportent l'ancrage. Souvent chargée de bijoux massifs – bagues, colliers (Taureau gouverne la gorge) et boucles d'oreilles –, Frida Kahlo incarnait clairement sa Lune en Taureau (avec une élégance digne de son ascendant Lion). Elle employait les vêtements et les bijoux comme un moyen d'exprimer, d'explorer et de rappeler au monde son héritage à la fois indigène et colonial, mélangeant souvent des pièces des deux cultures. Par ailleurs, le corps de Frida Kahlo (la Lune) et ce qui se manifestait en lui ont souvent été le sujet de son travail, et parfois même sa toile. Sachant que la Lune représente aussi le foyer, le fait que sa maison ait été transformée en musée d'art semble approprié pour une Lune en Taureau qui aime les choses construites pour durer.

Le moment est venu de choisir votre propre aventure. Passez directement à la section qui traite de votre signe lunaire.

DANS VOTRE THÈME

TROUVEZ VOTRE LUNE

Cherchez ce symbole ☾ dans votre thème.
Il s'agit de votre Lune.

Dans quel signe votre Lune se trouve-t-elle ?

Ma Lune se trouve dans le signe ____________________________.

Dans quelle maison votre Lune se trouve-t-elle ?

Ma Lune se trouve en maison _____ de _______________________.

ASPECTS À VOTRE LUNE

En calculant votre thème sur le site www.ChaniNicholas.com, vous pouvez voir quelles planètes sont en aspect à votre Lune. N'oubliez pas, il se peut qu'aucune planète ne dialogue avec votre Lune. Ne vous souciez pas pour l'instant de la signification des différents aspects. Contentez-vous de les noter et nous les explorerons bientôt. Complétez les phrases qui s'appliquent à vous.

Les planètes se trouvant dans le même signe que ma Lune sont ____.

Les planètes en trigone à ma Lune (quatre signes/120 degrés d'écart) sont ____.

Les planètes en sextile à ma Lune (deux signes/60 degrés d'écart) sont ____.

Les planètes en carré à ma Lune (trois signes/90 degrés d'écart) sont ____.

Les planètes se trouvant dans le signe opposé à ma Lune sont ____.

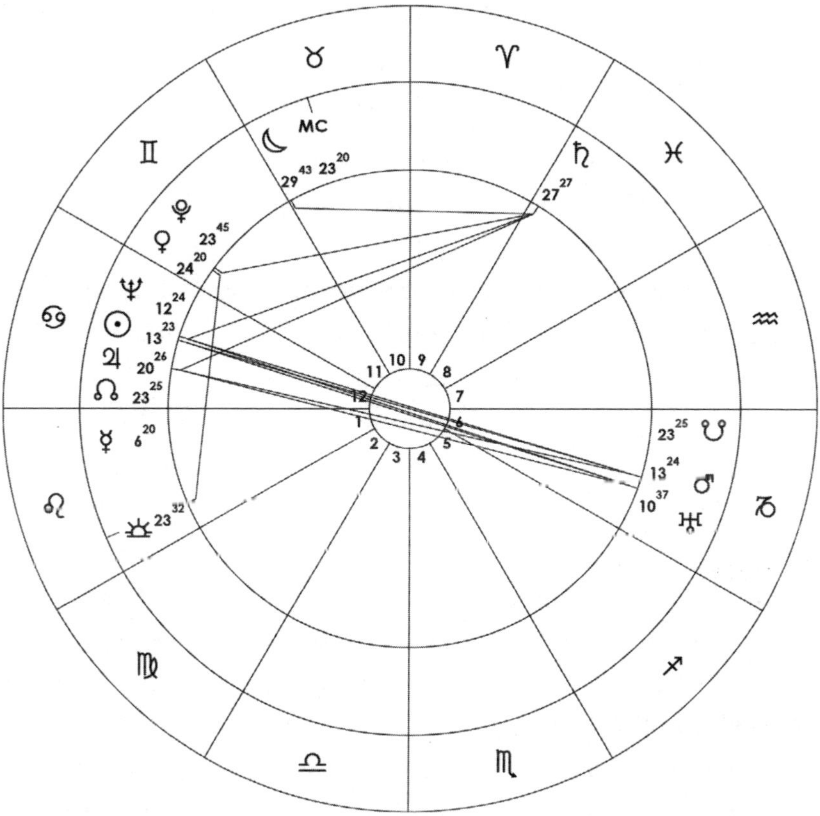

LE THÈME NATAL DE FRIDA KAHLO

***Date et heure de naissance** : 6 juillet 1907 à 8 h 30.*
***Lieu** : Coyoacán, Mexico, Mexique.*

LUNE EN BÉLIER

♈ ☾

Dans le signe cardinal de feu du Bélier, la Lune est tournée vers l'action. La vie quotidienne est généralement empreinte d'aventure. Passer à l'action peut être une façon de prendre soin de vous. Prendre des initiatives peut vous aider à vous sentir en sécurité dans le monde. Relever des défis est indispensable pour que vous vous sentiez en vie.

Avec cette position, l'indépendance et la liberté sont nécessaires à votre centrage émotionnel, mais le degré d'indépendance requis varie grandement en fonction du reste de votre thème. Il peut être important pour vous d'évacuer régulièrement tout excès de chaleur afin de maintenir votre équilibre émotionnel. Vous pouvez être sujet à des explosions émotionnelles, mais celles-ci ne durent pas, car le Bélier est prompt au changement.

Avec cette position, il est fréquent d'avoir eu un parent ou adulte référent colérique, indépendant ou courageux. Quelqu'un qui ne dépendait pas des autres pour définir son identité personnelle et qui vous a encouragé à en faire de même ou quelqu'un dont le tempérament un peu trop explosif a empêché une proximité dont vous aviez peut-être besoin.

Affirmations

- J'honore mon besoin d'indépendance.
- J'honore mon besoin de me mesurer à mes records personnels.

Questions de réflexion

- La prise de risques et l'aventure font-elles partie de la façon dont vous incarnez le but de votre vie ?
- Qu'avez-vous appris de vos parents ou adultes référents sur la canalisation, l'expression ou la gestion de la colère ? Qu'avez-vous appris sur l'indépendance ? Qu'avez-vous toujours voulu faire, ou fini par faire, tout seul ?
- Dans quelles circonstances l'esprit de compétition vous entraîne-t-il dans des situations émotionnelles difficiles ou provoque-t-il plus de séparation que vous ne le souhaiteriez ? Cela vient-il généralement de vous ou des autres ? Quand vivez-vous la compétition comme quelque chose de sain qui vous motive à donner le meilleur de vous-même ?

LUNE EN TAUREAU

♉ ☾

En Taureau, la Lune est exaltée, ce qui signifie qu'elle bénéficie ici d'un surplus de puissance qui l'aide à accomplir au mieux sa mission – prendre soin, tisser des liens, concevoir et donner naissance (au sens propre ou figuré). En Taureau, la Lune recherche le confort stable et fiable. Le Taureau a besoin de construire et la Lune est douée pour cela dans les relations, le foyer et tout ce qui procure un sentiment de sécurité. Le Taureau n'est pas un signe qui se préoccupe des choses abstraites ; il aime le concret. La Lune en Taureau recherche les plaisirs des sens et c'est vers eux qu'elle se tourne dans les moments d'insécurité et d'instabilité émotionnelle.

Comme toutes les planètes en position d'exaltation, la Lune en Taureau vous aide à vous faire connaître pour votre capacité à manifester vos talents sur le plan physique. Extrêmement robuste, la Lune est ici en terrain solide et fertile. Les planètes exaltées ont tendance à attirer l'attention pour leur aptitude à remplir leur fonction. Ici, la Lune est productive, généreuse et génératrice. Une Lune sur laquelle les autres peuvent compter. Sur laquelle ils viennent s'appuyer. Chez qui ils viennent se nourrir. Aussi flatteur que cela soit, cette Lune doit apprendre à ne pas devenir la mangeoire de tous les cœurs affamés.

La Lune dans un signe régi par Vénus (Taureau et Balance) sait créer des liens. En Taureau, cela s'opère par le développement lent et progressif du partenariat. La Lune en Taureau se démarque par une fiabilité à toute épreuve.

Vous avez pu faire l'expérience d'un parent ou d'un adulte référent fort, robuste, entêté ou dominateur. Quelqu'un qui s'était fait connaître, en bien ou en mal. Quelqu'un qui plaçait la sécurité et la constance au-dessus de tout.

Affirmations

- J'honore mon besoin de stabilité, de sécurité et de constance tout en m'encourageant à prendre des risques réfléchis.

- Je sais que ma force est une chose que les autres trouvent réconfortante, mais cela ne signifie pas que je doive leur en donner plus que ce dont je dispose.

Questions de réflexion

- Vous dit-on souvent que vous êtes un soutien pour les autres ? Si oui, est-ce parfois à vos propres dépens ? Le fait d'être ancré ou perçu comme fort implique-t-il que les autres ne vous demandent pas de quoi vous avez besoin ?

- Avez-vous eu un parent particulièrement ancré, fiable ou têtu ? En quoi avez-vous adapté ou hérité de ces attributs ? Quels sont ceux qui fonctionnent pour vous ? Quels sont ceux qui vous font obstacle ? Pourquoi ?

- Avez-vous tendance à construire, à travailler de façon assidue ou à vous appliquer à quelque chose de tangible quand vous vous sentez en insécurité ou à la dérive ? Cela fait-il partie de la façon dont vous incarnez le but de votre vie ? Sur quoi travaillez-vous actuellement qui vous semble aligné avec votre Lune en Taureau ?

LUNE EN GÉMEAUX

♊ ☾

La Lune en Gémeaux a besoin de communiquer, de traiter et d'échanger les faits et les idées qu'elle recueille en permanence. Elle a besoin de consulter des sources d'information nombreuses et variées. Elle a besoin de poser des questions. Elle a une soif constante d'apprendre, de bouger et de transgresser les limites intellectuelles.

La Lune en Gémeaux crée la sécurité et l'appartenance par la conversation, trouve son apaisement dans l'apprentissage (le côté plus introverti des Gémeaux) ou la communication (le côté plus extraverti des Gémeaux), et doit faire appel aussi bien à l'intuition qu'à la logique. Les expériences introverties autant qu'extraverties vous sont nécessaires pour maintenir votre équilibre, mais vous pouvez avoir l'impression de devoir être constamment en contact avec les autres pour vous sentir en sécurité.

Avec votre Lune en Gémeaux, vous avez pu faire l'expérience d'un parent ou d'un adulte référent qui s'exprimait plutôt intellectuellement que physiquement ou émotionnellement. Quelqu'un qui était peut-être charmant, intelligent, bavard, peu fiable ou inconstant.

Affirmations

- J'honore mon besoin d'entretenir des relations très variées.
- J'honore mon besoin de comprendre mes émotions intellectuellement tout en ne me dissociant pas de leur ressenti.

Questions de réflexion

- Quand vous éprouvez de l'incertitude, de l'insécurité ou un manque d'ancrage, constatez-vous qu'apprendre quelque chose ou avoir une conversation intéressante vous aident à retrouver votre équilibre ? Si oui, quel type d'information vous procure le plus de réconfort ?

- Vous est-il souvent nécessaire d'explorer une variété d'options, de relations et d'intérêts pour avoir l'impression que vos besoins sont comblés ? En quoi cela est-il lié à votre enfance ou à votre éducation ? Cela fait-il partie de la manière dont vous incarnez le but de votre vie ?

- L'un de vos parents était-il particulièrement curieux, intellectuel, sociable ou trompeur ? En quoi cela vous a-t-il affecté ?

LUNE EN CANCER

♋ ☾

En Cancer, son propre signe, la Lune alimente les masses. Ici, la Lune est forte, ses implications sont extrêmes et son pouvoir est indéniable. La Lune en Cancer a besoin de nourrir les autres autant que les autres ont besoin de sa nourriture. Pour se sentir en sécurité dans le monde, la Lune en Cancer développe des liens affectifs qui, dans bien des cas, s'apparentent à des liens familiaux. Elle puise son sentiment de sécurité dans les relations, mais elle doit parfois en payer le prix. Cette

Lune peut se perdre dans le rôle de celle qui prend soin des autres, oubliant que ses propres besoins sont aussi valables que ceux de quiconque.

Doté d'une sensibilité, d'une empathie et d'une intuition extrêmes, vous avez tendance à capter, et souvent à garder, les émotions non exprimées des autres. Il est vital pour vous d'apprendre à évacuer l'énergie que vous absorbez chez les autres.

L'abattement est souvent le signe que vous avez dépassé vos limites émotionnelles. Pour retrouver votre équilibre, il vous faut certainement un foyer où vous réfugier, une coquille où vous replier, un sanctuaire où vous laver de tout résidu de souffrance humaine.

La Lune siégeant ici dans le lieu de son pouvoir, vous pouvez connaître l'aisance ou l'abondance matérielle, surtout dans le domaine correspondant à la maison dans laquelle elle se trouve. Cette position étant particulièrement puissante, il se peut que vous soyez plus en résonance avec votre Lune qu'avec votre Soleil. Les enjeux associés à la Lune en général (l'alimentation, le soin, le souci des autres, la création de liens, l'écriture et les déplacements dans le monde) peuvent occuper une place importante dans votre vie.

Avec cette position, il est fréquent d'avoir fait l'expérience d'un parent ou d'un adulte référent extrêmement protecteur, réconfortant ou émotionnellement étouffant. Une Lune en Cancer peut indiquer un parent ou adulte référent qui a été une figure très importante dans votre développement. Cela peut être vrai pour tous les adultes référents, mais avec la Lune en Cancer vous pouvez être particulièrement attaché aux leçons et aux enseignements que les vôtres vous ont apportés.

Affirmations

- Mes besoins sont tout aussi valables que ceux de quiconque et je m'applique à prendre soin de moi-même spirituellement, intellectuellement et physiquement.

- J'ai le droit de laisser mon passé derrière moi.

Questions de réflexion

- Dans quels aspects de votre vie avez-vous le plus d'assurance ou de talent naturel ? Dans le prochain chapitre, voyez si cela a un rapport avec la maison occupée par votre Lune.

- Comment avez-vous tendance à prendre soin des autres ? Cela fait-il partie de la façon dont vous incarnez le but de votre vie ?

- L'un de vos parents a-t-il été une figure particulièrement forte dans votre vie ? Si oui, en quoi a-t-il contribué à votre développement ? En quoi ses besoins émotionnels ont-ils été écrasants pour votre organisme ?

LUNE EN LION

♌ ☾

La Lune en Lion a besoin d'attention, de félicitations, d'appréciation et de reconnaissance dans sa vie et son expérience quotidiennes. Elle a besoin de s'exprimer créativement et d'entreprendre des actions inspirées. L'estime de soi peut être difficile à réguler dans le jeune âge en l'absence d'un public, mais il est nécessaire d'apprendre à s'apprécier et à se féliciter soi-même.

Votre Lune en Lion aspire à briller ; aussi, votre processus d'apprentissage suppose notamment de trouver la meilleure scène pour votre étoile. Cette Lune a une qualité spéciale, séduisante pour beaucoup, mais toutes les célébrations ne sont pas bonnes pour l'âme. Si dans votre jeune âge on vous a humilié ou reproché de faire votre intéressant, vous pouvez avoir développé un rapport compliqué à l'attention, l'attirant inconsciemment et ne sachant pas comment l'interpréter quand vous la recevez.

Vous pouvez aussi ressentir de la culpabilité ou de l'inconfort à recevoir des éloges, car c'est quelque chose que vous ne contrôlez pas forcément mais dont vous avez besoin. Avec cette position, certains peuvent devenir dépendants de la sensation et de la stimulation émotionnelle suscitées par les louanges. Vous pouvez être doué pour attirer l'attention mais, quand vous en êtes privé, ne plus savoir qui vous êtes.

Vous vivez votre vie quotidienne avec un style assuré ; même si vous n'avez pas confiance en vous, vous présentez la plupart du temps une certaine force émotionnelle. Toutefois, vous devez de temps en temps vous détourner du public pour vérifier que vous êtes fidèle à votre propre histoire.

Vous avez pu faire l'expérience d'un parent ou d'un adulte référent exaltant, glamour, mondain, autoritaire, sujet à l'égomanie ou au nombrilisme. Vous pouvez devoir vous réapproprier votre identité face à la personnalité écrasante de votre parent ou adulte référent, en particulier si celui-ci avait un tempérament explosif qui était autant source d'inspiration créative que de peur.

Affirmations

- J'ai besoin d'être félicité, mais je recherche d'abord ma propre approbation.
- Je suis digne d'être aimé et de recevoir l'attention, peu importe qui me regarde.

Questions de réflexion

- Êtes-vous naturellement doué pour faire rire les gens, les mettre à l'aise ou recevoir de l'attention pour ce que vous faites ? Que ressentez-vous quand cela se produit ?
- Êtes-vous naturellement ouvert à mener et à briller dans les fonctions que vous endossez ? Cela fait-il partie de la manière dont vous incarnez le but de votre vie ?
- Avez-vous eu un parent ou adulte référent particulièrement théâtral, glamour ou en quête d'éloges ? Si oui, comment cela vous a-t-il affecté ?

LUNE EN VIERGE

♍ ☾

En général, la Lune se plaît bien en Vierge. À l'aise dans la fraîcheur de ce signe de terre, la Lune en Vierge prend soin de la vie et des autres en se rendant utile. Elle crée la sécurité et l'appartenance en travaillant dur, en apprenant, en développant ses compétences, en rendant service, en digérant les informations et en analysant les données. La Vierge a besoin de nettoyer, de débarrasser, d'organiser, de purifier et de s'assurer que tout est en bon état de fonctionnement pour maintenir son équilibre émotionnel. Un petit désencombrement du mental, du corps ou de la maison peut être salutaire pour le système nerveux de la Lune en Vierge. La Lune en Vierge a besoin de rituels. Le processus de perfectionnement, qu'il soit régulier ou non, peut être apaisant pour cette âme.

Cette Lune étant douée pour la critique, si cette énergie se retourne contre elle-même, ou contre son entourage, les résultats peuvent être catastrophiques. La Vierge dénaturée met tout en pièces dans sa recherche d'une solution et se retrouve sans rien d'autre que des bleus à l'âme et un organisme à vif.

Vous pouvez être obsédé par la quête de la perfection et ainsi vous priver du droit d'être humain, et de la beauté que cela implique. Tout au long de votre vie, vous devrez apprendre à canaliser cette énergie pour développer des compétences et des rituels qui vous préserveront de l'autocritique. La Vierge étant particulièrement à l'affût de ce qui ne fonctionne pas, votre Lune a un certain talent pour comprendre les rythmes, les systèmes et les voies de la guérison naturelle.

Vous pouvez avoir eu un parent ou un adulte référent qui était soucieux de sa santé, versé dans les arts de la guérison, introverti, excessivement critique ou incapable de s'accepter. Dans ce dernier cas, cela peut avoir affecté la perception de votre propre identité, et c'est un sujet qu'il peut être intéressant d'explorer.

Affirmations

- J'ai le droit de commettre des erreurs, d'apprendre et de réessayer.
- Mes émotions n'ont pas besoin d'être compréhensibles pour être acceptables.

Questions de réflexion

- Avez-vous pour habitude d'essayer de vous corriger, de vous arranger ou de vous changer quand quelque chose à l'extérieur de vous ne fonctionne pas ? Dans votre jeune âge, l'un de vos parents a-t-il été critique envers vous ou y a-t-il eu d'autres personnes avec lesquelles vous vous sentiez obligé de vous modifier pour éviter leurs reproches ?
- Quels dons particuliers avez-vous pour comprendre les plantes, les voies de la guérison naturelle, les modalités de soin ou différentes manières de purifier le mental, le corps ou le système émotionnel ?

- Que vous apportent vos talents de rectification, d'élimination, d'organisation, d'écriture et de communication ? Cela fait-il partie de la façon dont vous incarnez le but de votre vie ?

LUNE EN BALANCE

♎ ☾

La Lune en Balance a besoin de créer la beauté, d'instaurer la paix ou de s'adonner à la poursuite de la justice au quotidien. Cette Lune a une conscience aiguë du déséquilibre. Elle ressent la discordance de l'injustice au plus profond de son être. Sa stratégie d'auto-apaisement repose notamment sur le rétablissement des relations harmonieuses. Que ce soit avec les couleurs, les sons, les textures, les mots ou les partenariats avec les autres, cette Lune apporte un tempérament de pacificateur.

Vous êtes doué pour nouer des liens, donner aux autres la sensation qu'ils sont vus et vous porter en aide aux personnes en détresse. C'est notamment en étant aimable que vous obtenez la satisfaction de vos besoins. Cependant, quand les besoins émotionnels sont tributaires des relations aux autres, l'apparition irrémédiable de conflits peut susciter beaucoup d'anxiété. Votre sensibilité aux désaccords est telle que vous pouvez vous contorsionner dans tous les sens pour compenser.

La difficulté à s'expliquer avec les gens que vous aimez est monnaie courante avec cette Lune. Tout comme l'abattement lorsqu'il s'agit de choisir entre des possibilités, des personnes ou des plats au restaurant. Vous devez vous souvenir de placer vos besoins au-dessus de toute autre considération ; pour vous, cela devrait être une pratique quotidienne.

Vous pouvez avoir eu un parent ou un adulte référent qui avait du mal avec la confrontation, quelqu'un qui se préoccupait excessivement des apparences ou qui était extrêmement aimable et sociable. Vous pourriez aussi avoir appris à plaire pour compenser son manque de tact.

Affirmations

- Le désaccord fait partie du processus de paix.
- Je me concentre sur mes besoins afin d'être un meilleur partenaire pour toutes les personnes de mon entourage.

Questions de réflexion

- Qu'est-ce qui vous aide à vous rappeler que le conflit est un élément incontournable de la vie ?
- Dans quels aspects de votre vie recherchez-vous la justice au quotidien ? Dans quels aspects de votre vie créez-vous la beauté au quotidien ? Cela fait-il partie de la façon dont vous incarnez le but de votre vie ?
- Avez-vous eu un parent ou un adulte référent qui avait une aversion pour la discorde, qui vous a appris à être « bon » ou « gentil », ou qui était gracieux et facile à vivre ?

LUNE EN SCORPION

♏ ☾

La Lune recherche le confort, la stabilité et la sécurité. Elle se plaît dans les signes qui favorisent une sensation d'ancrage et d'aisance. Elle aime s'installer et célébrer l'ordinaire. Or, le Scorpion bâille devant tant de simplicité.

Dans le signe intense, extrémiste et résilient du Scorpion, la Lune est en chute. Si cela n'implique pas forcément une vie difficile en soi, en tout cas vous serez appelé à creuser profondément le matériau de l'existence et à transformer votre souffrance en vocation.

La façon dont la Lune en Scorpion déploie le but de l'âme peut être source d'émotions intenses, car elle tisse des liens profonds, transformateurs et potentiellement possessifs par moments (que cela vienne de vous ou des autres). Quand elle est dénaturée, cette Lune peut vouloir rester dans le contrôle à tout prix plutôt que de trouver les moyens de transmuter les émotions difficiles afin de laisser place à des expériences nouvelles.

Vous avez la capacité de traverser les difficultés, de surmonter l'intensité émotionnelle et de faire face aux situations extrêmes avec davantage d'aisance que les autres. Vous avez une compréhension innée de tout ce qui touche à l'abus, à l'adversité et à la difficulté, ce qui vous donne une profondeur, une sensibilité et une endurance émotionnelle incroyables.

Cette Lune peut représenter un parent qui était émotionnellement puissant, dominateur, manipulateur, déterminé, résilient, ingénieux, magnétique, ou un mélange de ces qualités. Le Scorpion étant associé à la mort, à la perte et à la transformation, la position de la Lune dans ce signe peut dénoter la présence de ces enjeux non seulement durant l'enfance, mais aussi dans vos intérêts ou votre expertise professionnels.

Affirmations

- Ma profondeur de sentiments est une ressource qui peut m'enseigner à avoir de la compassion pour les autres.
- J'honore mon intensité ; c'est un puits d'énergie créative que je peux canaliser de millions de façons.

Questions de réflexion

- Qu'est-ce qui vous aide à gérer vos émotions intenses ? En quoi votre besoin de garder le contrôle entrave-t-il votre capacité à le faire ?
- Les expériences émotionnelles intenses participent-elles de la manière dont vous incarnez le but de votre vie ?
- Avez-vous eu un parent ou un adulte référent qui était particulièrement en détresse ou qui a subi le déshonneur ou le manque de respect ?

LUNE EN SAGITTAIRE

♐ ☾

La Lune en Sagittaire recherche la satisfaction de ses besoins avec assurance. Elle prend soin d'elle-même par l'action. Elle se nourrit par la quête de la vérité.

La Lune en Sagittaire a besoin d'aventure. Elle se ressource par les voyages, les sauts dans l'inconnu, les idées nouvelles, l'étude philosophique, et tout ce qui l'aide à se sentir en expansion, en vie et en mouvement.

Son optimisme vous apporte de la résilience. Votre stratégie de survie consiste à chercher le meilleur dans les personnes, les lieux et les situations. Vous vous liez aux autres par votre attitude positive et souhaitez avoir la sensation de grandir et de vous développer au quotidien.

Si vous avez votre Lune en Sagittaire, votre bon fonctionnement dépend de votre capacité à vous laisser guider par votre inspiration, vos perceptions et votre intuition. Vous pouvez être sujet aux réactions émotionnelles extrêmes et vouloir partir dans une certaine direction sans en avoir réellement saisi les conséquences, surtout quand cela correspond à une stratégie d'évitement.

Vous pouvez avoir eu un parent ou adulte référent qui était un savant, un voyageur, un aventurier ou un esprit libre. Quelqu'un qui a pu, durant votre enfance, vous donner l'impression d'être trop distrait par des préoccupations d'un autre ordre pour s'intéresser à vos besoins. La position de la Lune en Sagittaire peut parfois dénoter des parents ou adultes référents ayant des croyances idéologiques ou religieuses extrêmes.

Affirmations

- J'élargis mes options chaque fois que j'écoute mon intuition.
- Je crois en l'abondance de ma vie.

Questions de réflexion

- Les voyages, l'apprentissage et les actions spontanées vous aident-ils à maintenir votre équilibre émotionnel ? Cela fait-il partie de la façon dont vous incarnez le but de votre vie ?
- Est-ce lorsque vous vous sentez libre que vous vous sentez le plus en sécurité ? Le sentiment de liberté, qu'est-ce que cela signifie pour vous ? Quand vous sentez-vous injustement limité ou restreint ?
- Avez-vous eu un parent ou adulte référent qui vous paraissait hors du commun, qui avait beaucoup de connaissances ou qui avait un grand besoin de liberté ? Quel sens avez-vous donné à cela étant jeune ?

LUNE EN CAPRICORNE

♑ ☾

Ici, c'est en accomplissant des tâches, en atteignant des sommets inédits et en s'affirmant comme un membre responsable, fiable et productif de la société que la Lune crée la sûreté et la sécurité.

Avec la Lune en Capricorne, vous avez tendance à vous acquitter de vos obligations avant de vous occuper de vous-même mais, comme toutes les autres positions, vous pouvez apprendre à changer de fonctionnement. Afin d'établir la sécurité dans la vie, vous travaillez plus dur que ce que l'on attend de vous, ne ménageant pas vos efforts, jusqu'à l'épuisement (malgré votre endurance légendaire).

Extrêmement autonome, la Lune en Capricorne se sent en sécurité quand elle est maîtresse de sa situation. Austère et appliqué, ce signe régi par Saturne peut utiliser le déni de soi comme stratégie d'adaptation et parfois comme un moyen de prendre soin de lui. Vous pouvez vous priver pour vous sentir bien. Si gratifiante qu'elle soit, la retenue doit être compensée par une compréhension fine de ce que vous avez besoin de vous apporter à vous-même.

Vous pouvez avoir du mal à nouer des liens simples. Vous pouvez connaître le manque, surtout dans votre jeune âge. Le confort émotionnel et physique peut être insatisfaisant ou tout à fait absent. Comme la Lune gouverne l'être physique, vous pouvez éprouver de la difficulté à vivre dans votre corps, à vous relier à lui ou à le nourrir.

Les limites sont importantes pour votre Lune. Sur le plan émotionnel, il peut y avoir des parts de vous qui ne se révèlent qu'à très peu de personnes, voire aucune, mais celles-ci sont sacrées pour vous. Avec votre conscience aiguë des sombres réalités de la vie, vous pouvez être doté d'un sens de l'humour incroyable et gérer les émotions douloureuses et délicates avec un grand pragmatisme.

Vous pouvez avoir eu un parent ou un adulte référent qui était trop accablé par les responsabilités ou les traditions pour être à même de s'occuper de vous. La Lune en Capricorne doit s'employer à comprendre à quel endroit il y a eu malnutrition afin de réparer les dégâts et de remplir les carences qui se sont creusées dans le jeune âge. Que vos parents ou adultes référents aient été responsables, fiables et accomplis, ou trop déconnectés de leur propre vie émotionnelle pour être capables de reconnaître la vôtre, vous devez apprendre à remplacer la contrainte par le confort – à vous de voir ce que cela représente pour vous.

Affirmations

- Je m'engage à être bon envers moi-même.
- Je m'arrête pour me ressourcer dès que je me sens vide.

Questions de réflexion

- Qu'est-ce que vous vous sentez coupable de demander aux autres ? Est-ce un sentiment que vous avez vécu durant votre enfance ou avec un parent ou une figure d'autorité ? Que pouvez-vous faire pour vous guérir de ce phénomène ?
- Le pragmatisme et la volonté d'accomplir des tâches constituent-ils un thème central de votre vie ?

- Avez-vous eu un parent ou un adulte référent accablé par des responsabilités ou incapable de combler vos besoins émotionnels ? Quel sens avez-vous donné à cela ?

LUNE EN VERSEAU

♒ ☾

La Lune en Verseau requiert de l'espace. Ici, la Lune est nourrie par l'apprentissage, la communication et la compréhension des systèmes au sein desquels nous vivons, de leur mode de fonctionnement et des meilleures innovations à leur apporter.

Cette Lune a besoin d'être comprise et mise au défi intellectuellement pour éprouver la sécurité émotionnelle. Créant la sécurité par le détachement, la Lune dans ce signe est en quête de conclusions logiques aux problèmes de cœur ; or, il est difficile d'accéder à la logique quand celle-ci s'emmêle dans l'affect. La distance est nécessaire pour permettre à la Lune de se dépêtrer – et de trouver les solutions qu'elle recherche. Cette position peut donner lieu à un entêtement inouï, qui l'empêche de rester fluide face aux flux et reflux de la vie émotionnelle. Si vous pouvez sembler émotionnellement distant, le style de votre Lune ne doit pas pour autant être pris pour un manque de sentiment. Les émotions sont bien présentes, même si elles ne remontent pas à la surface. Les sentiments ne sont pas des faits, mais ils vous orientent malgré tout vers votre vérité.

La Lune en Verseau cherche à trouver des solutions qui fonctionnent pour toutes les parties concernées et est souvent susceptible de dédaigner ses propres besoins dans sa quête d'une certaine égalité. Or, aucune issue ne saurait être juste si elle implique de rejeter de force vos propres sentiments. Vous devrez apprendre à créer un espace pour accueillir votre expérience émotionnelle et à apprécier votre corps, votre cœur et votre âme autant que votre mental et votre intellect.

Vous pouvez avoir eu un parent ou un adulte référent intelligent, dans la réserve émotionnelle, froid ou mû par le besoin de faire les choses à sa façon et pas autrement.

Affirmations

- Je suis ouvert à la sagesse qui arrive quand je parviens à rester avec mes sentiments.
- Je m'accorde l'espace dont j'ai besoin.

Questions de réflexion

- Avez-vous tendance à repousser les autres quand vous êtes submergé par vos sentiments ?
- Avez-vous la sensation que le but de votre vie s'incarne en partie à travers votre capacité à manifester vos talents intellectuels ?
- Avez-vous eu un parent ou un adulte référent connu pour son intelligence ou pour sa réserve émotionnelle ? Quel

sens avez-vous donné à cela ? Quel enseignement en avez-vous tiré sur la gestion des émotions difficiles ?

LUNE EN POISSONS

♓ ☾

Votre Lune en Poissons veut vous aider à incarner le but de votre vie en mettant en œuvre le pouvoir de votre imagination, de votre sensibilité, de votre créativité et de votre compassion dans votre vie quotidienne. Votre Lune insuffle à l'ordinaire une sensibilité fantastique ou pleine d'empathie – et c'est notamment grâce à elle que vous comblez vos besoins émotionnels et créez la sécurité. La Lune en Poissons cherche soit à fusionner avec l'autre, soit à s'échapper quand les situations s'embourbent. Cette dernière tendance peut être frustrante pour les autres, qui sont habitués à votre attitude d'ordinaire compréhensive et aiment se sentir vus. Ici, votre Lune veut refléter aux autres leurs sentiments et leur beauté, mais recule devant tout ce qui prétend restreindre sa liberté de mouvement. Le poisson est doué pour nager, pas toujours pour rester immobile.

Avec cette position, la tentation est souvent trop forte d'échapper aux confins de la vie quotidienne. Votre Lune se plaît généralement dans les environnements qui encouragent votre intuition, votre sensibilité, votre imagination et votre créativité.

Pour vous protéger, il peut vous arriver de vous déconnecter, de rêvasser ou de partir dans les nuages quand on s'y attend le moins. La musique, le mouvement, l'art, la créativité et tout travail en rapport avec la guérison peuvent vous aider à canaliser votre Lune en Poissons. Votre Lune peut avoir besoin de disposer de nombreuses manières de manifester ses talents au cours d'une journée. Les Poissons recherchent toujours une variété d'opportunités et de plaisirs. Cette Lune veut avoir accès à toutes ces options au quotidien.

Incroyablement empathique et sensible à la souffrance des autres, vous pouvez vous perdre dans la douleur que vous ressentez dans le monde qui vous entoure. Cette Lune peut servir de baume bienfaisant pour beaucoup, mais souvent à ses propres dépens. Vous devez travailler à renforcer vos limites. Pour aider les autres, vous devez savoir où vous commencez et où vous vous arrêtez.

Vous pouvez avoir eu un parent ou un adulte référent qui était extrêmement créatif, sensible et attentionné, qui dépendait émotionnellement de vous, ou qui avait tendance à jouer les martyrs. Les problèmes d'addiction et de santé mentale d'un parent ou d'un adulte référent peuvent aussi avoir été présents durant votre enfance.

Affirmations

- J'honore mes limites, je donne ce que j'ai en trop et je garde le reste pour moi.

- Je peux me relier à la souffrance des autres tout en l'éliminant de mon organisme.

Questions de réflexion

- Qu'est-ce qui vous aide à rester centré et à ne pas vous perdre face à la souffrance de votre entourage ?
- Quel rôle votre sensibilité joue-t-elle dans le déploiement du but de votre vie ?
- Avez-vous eu un parent ou un adulte référent en proie à la toxicomanie ou à des problèmes de santé mentale ou doté d'une créativité et d'une intuition formidables pour répondre aux besoins des autres ?

LA MAISON DE VOTRE LUNE
OÙ COMBLEZ-VOUS VOS BESOINS PHYSIQUES ET ÉMOTIONNELS ?

Dans quelle maison votre Lune se trouve-t-elle ?

La maison dans laquelle se trouve votre Lune correspond à l'endroit où vous trouvez du réconfort, où vous vous nourrissez et où vous devez vous relier concrètement au but de votre vie. La maison dans laquelle votre Lune est placée représente l'un des domaines les plus importants de la vie à comprendre, à vivre en conscience et avec lesquels entrer en relation. Puisque la Lune se rapporte aux parents et aux adultes référents, la maison qu'elle occupe peut vous renseigner sur votre enfance, la personne qui vous a donné naissance et votre lignée.

Avec une Lune exaltée en Taureau, dans la maison X de la carrière et de la vie publique, Frida Kahlo avait l'une des clés de son thème à son service sur le plan professionnel. À l'œuvre dans le domaine le plus visible de sa vie, sa Lune exaltée en maison X l'a aidée à se forger une place dans le monde, en dépit d'obstacles considérables. Le simple fait qu'une planète soit en exaltation peut être très favorable à la maison qu'elle occupe et faciliter son expression. Pour incarner le but de sa vie et trouver le confort émotionnel et physique (la Lune), Frida Kahlo devait bâtir et protéger (Taureau) une œuvre qui deviendrait un monument et un témoignage de sa vie (maison X). Comme indiqué plus haut, la demeure de Frida Kahlo est non seulement le lieu où elle a créé la plupart de ses œuvres d'art, mais aussi, désormais, son propre musée. La douleur et la beauté de son existence physique (la Lune) constituent un thème récurrent de son œuvre, et sa carrière est l'un des domaines de sa vie lui ayant accordé le plus d'aisance et beaucoup de réussite.

Le moment est venu de choisir votre propre aventure. Passez directement à la section qui traite de la maison occupée par votre Lune.

LUNE EN MAISON I

La maison I est la maison de l'identité, du soi, de l'apparence, de la vitalité, du caractère et de la force d'âme. C'est l'une des maisons les plus importantes du thème ; aussi, quand la Lune y est placée, elle devient très active dans la vie de la personne.

Cette position peut aiguiser vos sensibilités et vous accorder un talent naturel pour prendre soin des autres. Nourrir les gens émotionnellement, physiquement et spirituellement est certainement pour vous une seconde nature. Ici, la Lune peut créer une personnalité semblable à un miroir qui renvoie les autres à eux-mêmes. Cela peut se traduire par une expérience intense ou apaisante selon le signe dans lequel se trouve votre Lune, mais dans tous les cas c'est une qualité séduisante.

En échange constant avec ceux qui vous entourent, la Lune en maison I aspire à donner et à recevoir des informations. Très sensible aux conditions de son environnement, la Lune est ici influençable, lunatique et changeante. Avec la Lune en maison I, l'exploration ou l'incarnation du but de votre vie devra notamment passer par votre développement personnel.

Questions de réflexion

- Êtes-vous quelqu'un qui expose ses émotions au grand jour ?
- Les autres vous disent-ils que vous êtes pour eux un miroir, un témoin de leur existence ou une source de réconfort ?
- Avez-vous tendance à vous focaliser sur votre apparence quand vous vous sentez sur les nerfs, mal à l'aise ou en insécurité ?

LUNE EN MAISON II

La maison II est la maison des moyens de subsistance, des actifs, des ressources mobilières, de l'estime de soi et de la confiance en soi.

Avec la Lune en maison II, vous devrez notamment, pour déployer et incarner le but de votre vie, apprendre à gérer efficacement vos ressources, vos actifs internes et externes, l'argent, la propriété et les enjeux d'estime de soi.

Ici, la Lune cherche à créer la sécurité par le développement et le maintien des ressources. L'accès au confort matériel ou, à défaut, la participation à son développement peuvent être indispensables à votre sécurité et à votre épanouissement. Vous pouvez avoir un travail en rapport avec la fertilité ou l'infertilité, la conception, les femmes, les personnes non conformes dans le genre, les fems, les soins, l'apport de nourriture affective, la protection de l'enfance, la Déesse, l'écriture ou la communication.

Questions de réflexion

- Quel rôle le développement de vos ressources joue-t-il dans le but de votre vie ?

- Quelle relation vos parents avaient-ils à l'argent durant votre enfance ? Quel est votre premier souvenir ayant trait à l'argent ?

- Votre travail est-il en rapport avec le corps, le système reproductif, l'aide aux personnes, la culture de la Déesse ou l'écriture ? Si oui, en quoi êtes-vous particulièrement doué dans ces domaines ? Quand en avez-vous pris conscience pour la première fois ?

LUNE EN MAISON III

La maison III est celle des frères et sœurs, de la famille élargie, de la communication, des rituels quotidiens, des projets à court terme, des déplacements de courte distance et des voisins. On la surnomme aussi le « temple de la Lune ou de la Déesse ». En maison III, la Lune est en joie, ce qui la rend particulièrement puissante à cet endroit. Ici, la Lune vous aide à vous relier à un grand nombre de personnes, d'idées, de conversations, de rituels et de pratiques ou de sentiments spirituels. Cette position vous invite à incarner le but de votre vie à travers l'écriture, l'enseignement, l'apprentissage ou l'exercice de pratiques divinatoires.

Le mouvement peut jouer un rôle important dans l'accomplissement du but de votre vie, qui se manifeste dans votre quotidien par l'enseignement, la diffusion d'informations et l'apport de soins et de nourriture aux autres. Vous pouvez avoir besoin de beaucoup de stimulation mentale, d'informations et de données, en particulier dans les moments d'insécurité ou d'incertitude. Vous pouvez aussi entretenir des relations importantes avec vos frères et sœurs, votre famille élargie et les amis proches avec qui vous partagez des liens presque familiaux.

Questions de réflexion

- Incarnez-vous le but de votre vie à travers vos écrits, votre parole ou votre enseignement ?
- Quel rôle vos frères et sœurs, vos cousins, votre famille élargie et vos bons amis jouent-ils dans votre vie ?
- Avez-vous, par le passé ou actuellement, endossé le rôle d'aidant pour un parent ou l'un de vos frères et sœurs ?

LUNE EN MAISON IV

La maison IV est celle du foyer, de la famille, des aidants, des parents et des grands-parents. La maison IV représente les fondements de notre vie, le début et la fin de toutes choses.

Avec votre Lune en maison IV, vous devez incarner le but de votre vie en bâtissant les fondements de votre existence. Que la famille dont vous êtes issu soit ou non un refuge pour vous, il est capital que vous construisiez un tel espace. Du fait que la Lune et la maison IV s'intéressent l'une comme l'autre à notre histoire et au passé, vous pouvez être particulièrement doué pour étudier ou comprendre la généalogie, les récits des origines et l'Histoire. La Lune en maison IV indique souvent un intérêt pour le travail avec les familles, l'habitation des personnes, l'immobilier ou le monde domestique en général.

Questions de réflexion

- En quoi la proximité avec votre famille (choisie ou non) contribue-t-elle à votre bien-être ? Qu'est-ce qui dans votre vie a tendance à bien mieux se passer quand vous vous sentez relié à un groupe de personnes qui sont comme une famille pour vous ?

- Votre généalogie est-elle pour vous un sujet d'exploration auquel vous vous employez à vous relier ou avec lequel vous êtes en affinité ? Comment cela se manifeste-t-il dans votre vie, dans votre travail ou dans vos rapports aux autres ? En quoi l'étude de votre lignée participe-t-elle (ou pourrait-elle participer) du but de votre vie ?

- Quelle part de votre travail est en rapport avec les familles, les milieux de vie, le logement ou les fondements de l'existence, au sens propre comme au figuré ? Dans quel aspect de ce travail êtes-vous naturellement doué ?

LUNE EN MAISON V

☾

Avec votre Lune en maison V – lieu des enfants, de la créativité, de l'amusement, des loisirs, de la sexualité et de l'énergie érotique –, c'est par un aspect de ces domaines que doit s'incarner le but de votre vie. Du fait que la Lune et la maison V sont l'une comme l'autre fortement associées à la conception, à la reproduction, à l'éducation sexuelle et à l'accouchement, ce seront soit des sujets avec lesquels vous serez très à l'aise, soit des enjeux particulièrement difficiles, importants et déterminants dans votre existence.

Mais la reproduction humaine n'est pas la seule forme de créativité qui intéresse la maison V. Avec cette position, le processus créatif, l'énergie créative, les projets créatifs, les histoires d'amour, le plaisir et les activités de loisir sont également essentiels dans l'incarnation du but de votre vie. Les disciplines créatives peuvent vous aider à donner du sens à votre existence, ainsi qu'à canaliser vos humeurs et vos émotions.

Cette position dénote parfois un parent ou un adulte référent ayant été influent dans la vie des enfants ou focalisé sur l'un des autres thèmes associés à la maison V, notamment l'art, le plaisir et l'expression de soi créative.

Questions de réflexion

- En quoi l'énergie créative et son expression occupent-elles une place centrale dans l'incarnation et le déploiement du but de votre vie ? Que vous arrive-t-il quand vous disposez d'un débouché pour votre énergie créative ? Que vous arrive-t-il quand vous n'en avez pas ?

- En quoi la santé reproductive ou l'éducation sexuelle jouent-elles un rôle important dans le but de votre vie ? À quel talent le travail avec les enfants ou la jeunesse vous permet-il d'accéder ? Qu'est-ce que le fait d'être parent, adulte référent ou mentor d'enfants dans votre vie vous aide à accomplir ou à comprendre sur vous-même ?

- Qu'avez-vous besoin de façonner, de créer ou d'exécuter quand vous éprouvez un sentiment d'insécurité, d'incertitude ou de déconnexion de votre vie ?

LUNE EN MAISON VI

La maison VI est celle du travail et des problèmes de santé. Quand nous sommes confrontés à la maladie ou aux douleurs chroniques, nous ne disposons pas de la même énergie, ni de la même capacité de faire ce que nous voulons quand nous le voulons. L'inconfort physique impose une certaine façon de mener sa vie, généralement rendue encore plus compliquée par le monde extérieur. Avec votre Lune en maison VI, vous pourriez être sensible ou sujet à des enjeux ayant trait à l'accessibilité, aux blessures, à la maladie et à la souffrance physique.

La maison VI est aussi celle du travail, des habitudes de travail et des outils dont nous disposons pour accomplir les tâches qui nous incombent (notamment en rapport avec le bétail et les petits animaux, ce qui en fait aussi la maison des animaux domestiques). La position de la Lune à cet endroit peut signaler une expérience ou une connaissance de l'injustice économique et des déséquilibres systémiques de pouvoir au travail. La maison VI représente les situations dans lesquelles nous ne sommes pas aux commandes. Si cela n'est ni positif ni négatif en soi, en tout cas le manque d'autonomie est l'un des thèmes associés à la maison VI.

Pourtant, les maisons de ce type ont des enseignements inestimables à nous apporter sur la vie. La plupart des habitants de la planète savent trop bien ce que c'est que de ne pas avoir accès aux ressources qui rendent la vie facile ou abordable. La maison VI nous donne l'occasion d'apprendre à accepter les aspects de la vie sur lesquels nous n'avons aucun pouvoir et de rediriger notre énergie vers ceux sur lesquels nous avons la capacité d'agir. Si nous voulons être ouverts à la vérité de notre existence, nous devons avoir une conscience aiguë de sa fragilité.

Avec la Lune en maison VI, le but de la vie peut devoir s'incarner en partie à travers les projets professionnels. La Lune en maison VI peut être apaisée par le travail bien fait, les services rendus, le soin des animaux, la gestion des problèmes de santé, l'apprentissage de différentes modalités de guérison ou la compréhension de la maladie et de ses causes.

La position de votre Lune à cet endroit peut indiquer que vous avez été affecté par le problème de santé d'un parent, d'un adulte référent ou d'un membre de votre famille. Elle peut aussi vous inviter à prendre soin de ceux avec qui ou pour qui vous travaillez. Vous pouvez exercer une activité dans le domaine des soins, dans le monde domestique, dans les habitations des personnes, depuis votre domicile ou dans un secteur qui requiert un travail émotionnel ou de l'intelligence émotionnelle.

Cette maison étant traditionnellement associée à l'esclavage, votre travail pourrait également être en rapport avec l'histoire et l'impact de l'esclavage, la traite des êtres humains, les droits des travailleurs et les conditions de travail équitables.

Questions de réflexion

- Est-ce que vous travaillez ou trouvez du sens au service de personnes qui vivent avec la maladie, chronique ou non ? Est-ce que vous vous employez à favoriser la guérison et le soin d'individus en proie à la douleur ? Votre travail concerne-t-il les droits des travailleurs, la traite des êtres humains ou l'impact moderne ou historique de l'esclavage ? Si oui, dans quel aspect de ce travail êtes-vous naturellement doué ? Qu'est-ce qui vous y a amené ? Qu'est-ce qui vous y retient ? Comment cela affecte-t-il votre santé mentale, émotionnelle et spirituelle ?

- Une partie du but de votre vie s'incarne-t-elle de manière significative à travers votre vie professionnelle ? En quoi votre travail favorise-t-il votre développement ?

- Avez-vous eu pendant votre enfance un parent ou un adulte référent sujet à un problème physique ou contraint de travailler à l'excès ? Qu'est-ce que cette expérience vous a enseigné ou aidé à comprendre ?

LUNE EN MAISON VII

Dans la maison VII des relations engagées, qu'elles soient romantiques, platoniques ou professionnelles, la Lune vous aide à déployer le but de votre vie à travers l'établissement de liens avec les autres. Vous constaterez que vos expériences les plus importantes et les plus transformatrices découlent de vos relations intimes et de vos partenariats d'affaires. Cette position peut faire de vous un miroir dans vos relations et vous donner une propension (selon le signe dans lequel elle se trouve) à emprunter les traits des personnes que vous côtoyez ou à trop leur donner. Il est crucial pour vous de développer vos limites affectives.

Avec cette position, les êtres avec lesquels vous tissez des liens étroits et envers lesquels vous choisissez de vous engager peuvent vous conduire vers des expériences décisives à explorer, à comprendre et à développer.

Questions de réflexion

- Avez-vous tendance à rechercher dans vos relations engagées une raison d'être, une direction ou un sens à votre vie ? Quand vous vous sentez perdu, incertain ou déboussolé, est-ce vers elles que vous vous tournez en quête de consolation ? Cela a-t-il parfois pour conséquence que vous restiez dans des relations qui ne sont pas tout à fait justes pour vous ? Qu'est-ce qui vous aide à quitter les partenariats qui ne fonctionnent pas ?

- Avez-vous la sensation que nombre des événements majeurs de votre vie surviennent par le biais de vos associés ou vos partenariats ? Lesquels ont été le plus marquants ?

- Vos parents ou adultes référents se perdaient-ils souvent dans leurs relations ? Quelle conséquence cela a-t-il eu sur la satisfaction de vos propres besoins ?

LUNE EN MAISON VIII

Avec la Lune en maison VIII – le lieu des collaborations et de l'argent, des actifs et des ressources des autres – vous devez, pour incarner le but de votre vie, apprendre à partager les ressources, à donner ce que vous avez, à recevoir ce dont vous avez besoin et à produire du travail avec les autres. Si vous avez reçu des héritages en tout genre, l'usage que vous en faites ou l'incidence qu'ils ont sur vous seront également des facteurs importants dans le but de votre vie.

La Lune en maison VIII peut avoir une compréhension particulière du processus de la mort et de tout ce qui a trait au voyage de l'âme après son départ du corps. Le deuil, la perte et l'angoisse, qui peuvent accompagner l'impermanence de la vie, y sont également présents. Cette position peut apporter une certaine expérience des problèmes de santé mentale et une aptitude à travailler avec les personnes qui y sont sujettes ou confrontées au deuil. Avec votre Lune en maison VIII, vous pouvez avoir eu un parent en proie à la maladie mentale ou ayant travaillé dans ce domaine, ou vous pouvez avoir subi une perte significative qui a marqué votre enfance.

La Lune en maison VIII peut devoir faire face à des situations difficiles sur le plan émotionnel et peut souvent traverser des expériences cathartiques. Vous pouvez aussi être relié à des âmes ayant quitté leur corps. Les médiums, les voyants et les personnes en contact avec le monde des esprits sont souvent soumis à une forte influence de la maison VIII.

Questions de réflexion

- Vos collaborations occupent-elles une place importante dans l'incarnation du but de votre vie ?

- Quelle est votre compréhension du deuil et de son processus ?

- Quelles sont vos sensibilités au regard des problèmes de santé mentale, de la perte et de la guérison de l'esprit ? À quoi vos parents, adultes référents ou vous-même avez dû faire face en matière de santé mentale ? Comment la psychothérapie ou tout autre travail de guérison vous ont-ils aidé à aborder ces questions ? Ce processus vous a-t-il apporté des éclairages sur le but de votre vie ?

LUNE EN MAISON IX

☾

Si votre Lune est en maison IX, vous devrez incarner le but de votre vie à travers l'enseignement, les voyages, l'édition, la philosophie, la défense des intérêts, la spiritualité, la religion ou la poursuite d'études supérieures. Vous pouvez trouver votre nourriture ou votre réconfort dans les sagesses ancestrales et dans la recherche de ce qui semble lointain, aventurier et exaltant. Dans cette maison, la Lune aspire à rencontrer l'inconnu et à se placer dans des situations qui élargissent son esprit, remettent en cause son confort et l'appellent à changer de perspective sur la vie.

Vous pouvez être un enseignant très prévenant, ou avoir des professeurs qui se comportent comme des parents, endossant des rôles difficiles autant que secourables. Vous apprenez à l'instinct, êtes doué pour assimiler les idées et pressentir les réponses, et avez un talent particulier pour les pratiques divinatoires.

Avec la Lune en maison IX, vous avez besoin de vous déplacer, d'étudier, de travailler avec des enseignants, de travailler dans l'édition ou d'enseigner quand vous éprouvez un sentiment d'insécurité ou d'instabilité.

Questions de réflexion

- Avez-vous tendance à distribuer ou à rechercher des informations quand vous doutez de vous-même ? Vers quelles sagesses ancestrales vous tournez-vous quand vous vous sentez décentré ? Les voyages ou l'enseignement vous aident-ils à vous relier au but de votre vie ? Comment ?

- L'édition sous quelque forme que ce soit occupe-t-elle une place centrale dans votre vie quotidienne ? Que ressentez-vous quand vous diffusez des informations dans le monde, à un groupe de personnes ou dans le cadre de votre travail ?

- La religion ou la spiritualité ont-elles joué un rôle majeur dans votre enfance ou été importantes pour un adulte référent ou un parent ? Cette expérience a-t-elle été positive, négative ou plutôt neutre ? Quelle place occupent-elles dans votre vie actuelle ?

LUNE EN MAISON X

Si votre Lune est en maison X, c'est à travers la carrière, le statut social et la réputation que vous incarnez le but de votre vie. Cette Lune aspire à la reconnaissance sociale pour se sentir en sécurité, veut être reconnue par « le peuple » et s'apaise en réalisant ses objectifs. De ce fait, les personnes ayant la Lune à cet endroit recherchent parfois la notoriété, ou la reçoivent, avec moins d'efforts que les autres.

Cette Lune est capable de déchiffrer ou de pressentir les besoins et les désirs de ceux qui l'entourent. La Lune en maison X peut être naturellement douée pour travailler avec le corps, la naissance et la conception, ou pour apporter aux autres une nourriture physique, émotionnelle ou spirituelle. Cette position était traditionnellement associée au travail avec l'eau et avec tout ce qui se rapporte aux plans d'eau.

Avec votre Lune en maison X, le travail est pour vous une façon de prendre soin de vous, ce qui peut être délicat quand vous avez besoin de repos. Vous pouvez devoir accomplir des objectifs professionnels pour maintenir votre équilibre émotionnel, et vous avez une propension à trop donner qu'il vous faudra certainement surveiller.

Questions de réflexion

- Quand vous êtes dans l'incertitude, dans l'insécurité ou sur les nerfs, avez-vous tendance à travailler sur des objectifs susceptibles de vous attirer la réussite et la reconnaissance ? Quand cela s'avère-t-il contre-productif, épuisant ou difficile à gérer physiquement ?

- Obtenez-vous facilement la reconnaissance de vos efforts ? Vous fait-on des remarques sur l'attention que vous recevez ? Sur quoi portent-elles généralement ? Vous envie-t-on vos accomplissements ? Si oui, comment gérez-vous cela ?

- L'un de vos parents ou adultes référents est-il connu ou célèbre ? Étant jeune, aviez-vous l'impression qu'il était hors du commun ? Quelle incidence cela a-t-il eu sur votre propre identité ?

LUNE EN MAISON XI

Si votre Lune est dans la maison XI de la collectivité et de la bonne fortune, le but de votre vie s'incarne notamment par le biais des liens que vous forgez avec les amis et les groupes, et potentiellement à travers l'activisme dans lequel vous vous embarquez avec eux. Dans la maison de la bonne fortune, la Lune nourrit les autres et, ce faisant, provoque sa propre chance. En bâtissant avec ceux qui ont les mêmes espoirs et rêves pour l'avenir, vous pouvez réaliser au moins une partie des vôtres.

Votre Lune se sent en sécurité dans les contextes sociaux, le travail collectif et les événements de réseautage. Vous êtes probablement animé par une forte envie de concrétiser votre vision avec des individus qui vous ressemblent. C'est là que vous vous épanouissez et, si vous accordez la priorité à votre besoin du collectif, vous en tirerez une joie immense.

Questions de réflexion

- Êtes-vous nourri par le fait de passer du temps ou d'investir dans les communautés et les groupes auxquels vous êtes associé ? Avez-vous l'impression que vos relations avec les autres donnent souvent lieu à des événements importants de la vie ? Cela semble-t-il se produire naturellement ou est-ce un phénomène que vous encouragez consciemment ? Dans ce cas, comment vous y prenez-vous ? Dans le cas contraire, comment pourriez-vous vous y prendre ?

- L'organisation communautaire vous relie-t-elle au but de votre vie ? Comment cela se manifeste-il actuellement ? Comment aimeriez-vous que cela se manifeste ?

- Avez-vous eu un parent ou un adulte référent qui se reliait au monde par le biais de ses groupes et associations, pour qui les amitiés étaient un élément clé de son identité, ou qui éprouvait de la difficulté dans les situations de groupe ? Comment cela vous a-t-il affecté ?

LUNE EN MAISON XII

La maison XII représente ce qui est hors de vue, secret et ignoré de notre conscience. Ceux qui y ont leur Lune peuvent être mus par le désir de mettre au jour les secrets de la famille, de la culture et de la société. Avec la Lune dans la maison des projets cachés, le but de la vie peut s'incarner notamment par un travail dans l'ombre effectué en privé, dans des studios, des chambres noires ou des lieux d'isolement qui servent aussi d'incubateurs de créativité.

Cette Lune peut nécessiter du temps seul pour gérer ses émotions. Vous pouvez parfois avoir besoin de vous retirer du monde pour recharger vos batteries.

Du fait que cette partie du thème se rapporte aussi aux peines, à la perte, à l'autosabotage, à l'autodestruction et à tous les aspects du soi que l'on a tendance à vouloir oublier, rejeter ou mettre à l'écart, la Lune en maison XII dénote aussi le vécu de la souffrance. Celle-ci peut être héritée d'un parent ou d'un adulte référent – c'est alors de sa lutte qu'il s'agit – ou venir de la lignée familiale.

Aussi paradoxal que cela puisse paraître, l'autosabotage peut être une stratégie de survie courante mais, à terme, la Lune en maison XII doit apprendre à guérir le passé pour accéder à l'incroyable richesse créative que renferme la douleur refoulée.

La maison XII est une zone du thème qui traite de l'incarcération, de l'isolement et de l'internement – expériences qui peuvent soit vous concerner directement, soit appartenir à vos parents ou adultes référents. Vous pouvez avoir une facilité à accéder à des lieux où des personnes sont incarcérées, enfermées, ou écartées de la société, et à y accomplir un travail important.

Questions de réflexion

- Quels rôles les incubateurs de créativité, les chambres noires, les studios et les lieux de solitude jouent-ils dans l'incarnation du but de votre vie ?

- Êtes-vous à l'aise ou doué pour travailler avec ceux qui ont subi de grandes pertes ?

- Avez-vous un parent ou un adulte référent en proie à des problèmes de santé mentale, qui a travaillé ou séjourné dans un établissement psychiatrique ou pénitentiaire, ou qui travaille avec ceux qui ont été traités injustement par les systèmes au sein desquels ils vivent ? À défaut, est-ce votre cas ?

LES RELATIONS AVEC LES AUTRES PLANÈTES **QUI AFFECTE VOTRE CAPACITÉ À COMBLER VOS BESOINS PHYSIQUES ET ÉMOTIONNELS ?**

Quelles planètes sont en aspect à votre Lune ?

De la même façon que certaines planètes sont en relation à votre Soleil, certaines planètes peuvent être en relation (en aspect) à votre Lune. Ces aspects se rangent dans les mêmes catégories que celles que nous avons abordées précédemment : aspects bénéfiques, aspects de défi et aspects fusionnels. La même théorie s'applique à toutes les planètes. Les sextiles et les trigones sont des éléments favorables qui, en aspect à la Lune, peuvent vous aider à créer l'abondance physique, à vivre dans le confort ou à cultiver des bienfaits. Les carrés et les oppositions sont des défis qui entravent votre accès à la sécurité matérielle et émotionnelle, du moins à un certain moment de votre vie. Les conjonctions (aspects fusionnels) peuvent pencher d'un côté ou de l'autre, selon la planète en question.

Dans le thème de Frida Kahlo, sa Lune exaltée en Taureau en maison X est en sextile à son Jupiter exalté (planète de l'abondance) en Cancer en maison XII. Comme la Lune régit le Cancer et est à ce titre en charge de ce Jupiter, il y a entre ces deux astres une affinité spéciale, qui est accrue du fait qu'ils forment entre eux un aspect bénéfique (le sextile). Bien que la maison XII soit un lieu souvent associé à beaucoup de difficulté et d'isolement, sa Lune en Taureau a été capable de traduire et de porter ces expériences dans la maison X de la carrière. Grâce à son aptitude à exprimer sa souffrance, sa perte et ses expériences d'isolement dans son art, elle a reçu une grande reconnaissance. Notons que si d'autres planètes avaient formé des aspects de défi à la Lune de Frida Kahlo, sa carrière ne lui aurait sans doute pas apporté tant de distinction.

Le moment est venu de choisir votre propre aventure. Reprenez la liste d'aspects à votre Lune que vous avez dressée page 126 et lisez les sections qui s'y rapportent. Ensuite, passez directement aux questions de réflexion à la fin de ce chapitre.

Aspects bénéfiques

SEXTILES

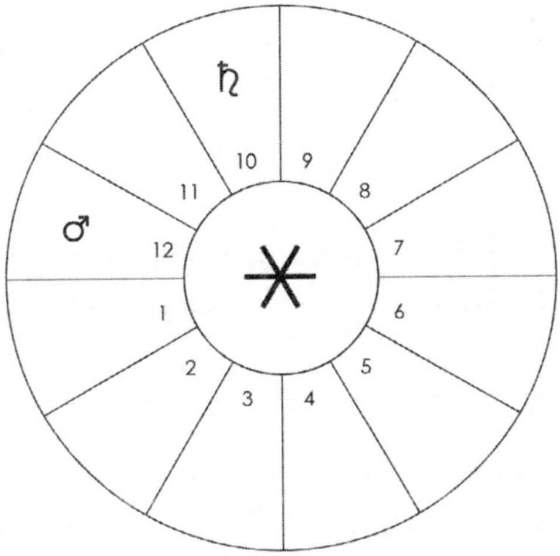

Le sextile est un angle de 60 degrés qui est avantageux et modéré mais favorable et encourageant. Tout sextile d'une planète à votre Lune a une influence bénéfique, même subtile.

Un sextile de votre Lune à...

- **votre Soleil** indique que les deux lumières de votre thème se soutiennent mutuellement et que le but de votre vie se révèle et s'incarne de façon plus harmonieuse.

- **Mercure** prête à vos communications une certaine qualité de lien qui vous rend naturellement perspicace et accessible. Un parent ou un adulte référent a pu avoir ces mêmes attributs.

- **Vénus** vous prête une douceur et une capacité à forger des liens qui peuvent vous être d'un grand secours. Vénus peut aussi contribuer à embellir votre corps et votre maison. Un parent peut avoir été beau et vous avoir transmis son charme ou son talent artistique.

- **Mars** vous prête du courage et du dynamisme dans votre façon de mener votre vie. Un parent ou un adulte référent a pu avoir été un exemple de protection positive.

- **Jupiter** vous offre un sentiment d'abondance et une foi dans le déploiement de la vie, vous aidant à créer et à jouir du confort matériel et affectif. Un parent ou un adulte référent a pu être particulièrement joyeux, optimiste ou spirituel.

- **Saturne** crée une aptitude à incorporer de la structure, de la stabilité et de la discipline dans votre vie quotidienne de façon à soutenir votre bien-être matériel et émotionnel. Un parent ou un adulte référent peut avoir incarné une figure d'autorité juste.

- **Uranus** vous procure des visions novatrices, un besoin de faire bouger les choses et une sensibilité décalée. Avec cet aspect, vous pouvez aspirer à ce que vos journées soient variées, stimulantes et pleines de changements. Un parent ou un adulte référent peut avoir été excentrique ou original et avoir été pour vous une source d'inspiration.

- **Neptune** vous prête une imagination fertile et un besoin de proximité émotionnelle. Cet aspect peut accroître votre intuition et votre capacité à vous lier à toutes sortes de personnes. Un parent ou un adulte référent peut avoir été créatif ou idéal à certains égards.

- **Pluton** vous prête une profondeur émotionnelle et un désir de vivre des expériences cathartiques ou d'avoir avec les autres des échanges transformateurs. Un parent peut avoir été puissant ou influent.

TRIGONES

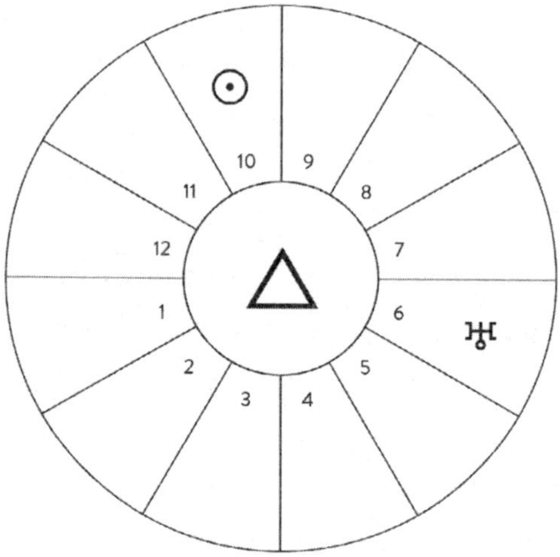

Harmonieux et favorable, le trigone (angle de 120 degrés) est un aspect qui, formé avec votre Lune, l'aide à servir vos besoins émotionnels et physiques. Le trigone est plus puissant que le sextile ; aussi, il apporte des bienfaits plus importants.

Un trigone de votre Lune à…

- **votre Soleil** crée une réciprocité entre le but de votre vie et votre manière de l'incarner.

- **Mercure** crée un talent pour se lier aux autres sur le plan émotionnel. Un parent ou un adulte référent a pu être doué pour communiquer ou pour exprimer ses émotions.

- **Vénus** est extraordinairement favorable et offre à la Lune une profusion de beauté, de sympathie, de charme et d'aise, vous aidant à traverser l'existence avec beaucoup de classe et de grâce. Un parent ou un adulte référent a pu ou peut être attirant, serviable ou à l'aise en société, lui valant l'attention et l'admiration des autres.

- **Mars** vous aide à être à l'aise dans le rôle de meneur, à prendre des initiatives, à tracer votre propre voie et à satisfaire vos propres besoins. Un parent ou un adulte référent a pu être indépendant et vous amener à le devenir vous aussi.

- **Jupiter** est incroyablement favorable et prête à votre Lune des qualités exceptionnelles de protection, d'abondance, d'optimisme, de spiritualité, de générosité, et de foi en l'existence et dans la satisfaction de vos besoins. Un parent ou un adulte référent a pu être généreux, optimiste et à même de vous offrir l'abondance matérielle.

- **Saturne** vous prête une autorité qui n'est pas perçue comme dominatrice. Les gens peuvent faire confiance à votre personne et à votre intégrité. Un parent ou un adulte référent a pu occuper un poste important ou démontrer sa maturité sans paraître oppressant.

- **Uranus** vous donne un côté hors norme qui est accepté, apprécié ou estimé. Un parent ou un adulte référent a pu être expérimental, inventif ou créatif dans son approche de la vie.

- **Neptune** produit une créativité et une imagination très intuitives et peut créer le besoin d'être nourri par des images, des sons et des couleurs. Un parent ou un adulte référent a pu être particulièrement intuitif, réceptif ou généreux.

- **Pluton** peut créer une intensité émotionnelle, un pouvoir et une influence auxquels les gens sont sensibles. Un parent ou un adulte référent a pu avoir un impact puissant sur vous ou sur le monde et vous offrir ainsi des bienfaits matériels.

Aspects de défi

CARRÉS

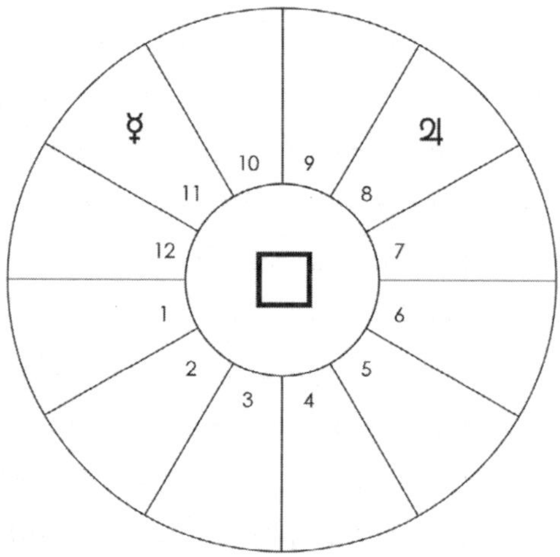

Les carrés (90 degrés) que la Lune forme avec d'autres planètes désignent des endroits où nous avons pu être ou nous sentir en insécurité physique, émotionnelle ou matérielle. Les aspects difficiles à la Lune peuvent aussi se rapporter à des traumatismes hérités ou historiques, puisque la Lune représente le corps et la lignée dont nous sommes issus.

Un carré de votre Lune à…

- **votre Soleil** dénote une friction entre le but de votre vie et son incarnation. Cela signifie que votre Soleil et votre

Lune, deux des astres clés de votre thème, s'expriment de manières si différentes qu'ils peuvent créer de la tension dans votre vie, mais aussi vous pousser à l'action. Avec les paradoxes de votre personnalité, on ne s'ennuie jamais.

- **Mercure** peut vous présenter un défi dans la communication de vos sentiments. Cet aspect peut aussi dénoter une difficulté d'un parent ou d'un adulte référent dans son style de communication, qui a pu ou non avoir sur vous une incidence négative. Un carré de Mercure n'est pas un aspect préoccupant en soi, sauf si Mercure siège avec Saturne ou Mars.

- **Vénus** peut parfois créer une difficulté à voir ses besoins comblés, tant cette planète cherche à plaire à tout prix. Il peut y avoir un conflit relatif au besoin d'attention d'un parent ou d'un adulte référent et à la considération que vous avez reçue enfant. La beauté ou le charme de ce parent ou de cet adulte référent peuvent avoir été plus présents que sa capacité à s'occuper de vos besoins. Les carrés de Vénus ne sont pas néfastes, mais peuvent dénoter une discordance ou un décalage en lien avec la beauté ou au fait d'être aimé.

- **Mars** peut être particulièrement douloureux, car cet aspect a tendance à être cruel et perçant. Il peut désigner un parent qui avait de la difficulté à maîtriser sa colère et l'incidence que ce genre de comportement a eue sur vous enfant. Cet aspect nécessite de trouver des débouchés à sa colère, à son énergie et à son dynamisme et a tout à gagner à pratiquer des activités qui ont un effet rafraîchissant et anti-inflammatoire sur le corps, le mental et l'esprit.

- **Jupiter** peut créer un besoin d'abondance, du laisser-aller et une soif d'expériences riches en émotions. Un parent a pu être hors du commun, porté à l'exagération (émotionnelle ou autre) ou avoir une forte personnalité qui a dominé la vie de son enfant.

- **Saturne** peut être source de rigidité, de lourdeur et de léthargie dans le corps ou dans le système émotionnel. La dépression est un effet secondaire courant avec un aspect difficile entre Saturne et la Lune. Un parent ou un adulte référent peut avoir été accablé par le poids de la vie ou incapable de prendre soin de son enfant. Vous pouvez travailler sur cet aspect en étant discipliné et en trouvant les moyens de vous apporter de la douceur et de la compassion.

- **Uranus** bouleverse les fondements de notre existence. Souvent, ces personnes ont vécu une rupture des attaches et des soins de leur enfance, et en ont tiré un sentiment d'insécurité. Vous devez créer une source de constance dans votre vie en forgeant et en entretenant des liens.

- **Neptune** crée une tendance à vouloir s'échapper des contraintes de la vie. Cette configuration peut dénoter un parent ou un adulte référent qui était soit aux prises avec l'addiction soit incapable d'être présent, sujet à la dissociation psychique ou déconnecté de lui-même, créant chez vous de l'anxiété. Vous devez apprendre à vous ancrer et à rester avec vos réactions émotionnelles sans vous déconnecter de vous-même.

- **Pluton** provoque des réactions émotionnelles très intenses face à tout ce qui est cause d'insécurité. Cet aspect peut avoir donné lieu à de tels rapports de force avec votre parent ou adulte référent que votre propre autonomie s'en est trouvée menacée. Vous pouvez vous sentir dévoré par les besoins affectifs de votre parent. Vous pourrez trouver le réconfort et la guérison en explorant comment gérer et honorer vos propres réactions émotionnelles et en découvrant l'intelligence qui vous est inhérente.

OPPOSITIONS

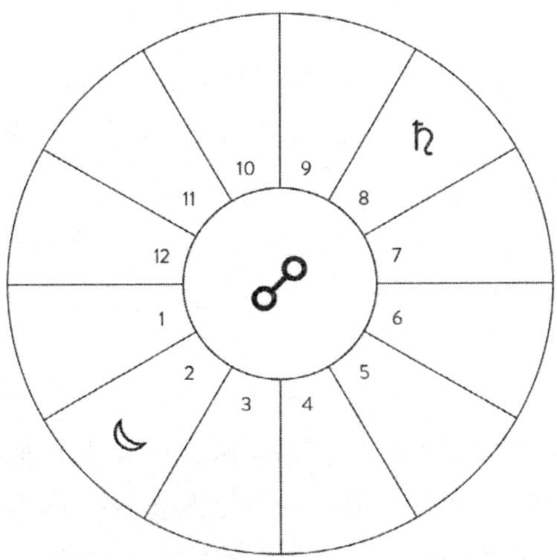

Quand la Lune est en opposition (180 degrés) à une autre planète, cela peut dénoter une fracture entre nos émotions et une autre part de nous-même. Cela désigne un élément que vous avez pu vivre comme une menace à votre sécurité ou à votre bien-être étant jeune.

Une opposition de votre Lune à...

- **votre Soleil** signifie que vous êtes né juste avant, pendant ou juste après une pleine lune, et indique un besoin d'assimiler les natures opposées des signes et positions de votre Soleil et de votre Lune.

- **Mercure** peut créer une nécessité d'équilibrer les besoins du corps et ceux du mental, une propension à vaciller entre la tête et le cœur, et une tendance à trop réfléchir au lieu de ressentir. Cette position peut aussi dénoter une relation avec un parent ou un adulte référent dans laquelle il est difficile de concilier les échanges rationnels et émotionnels.

- **Vénus** peut créer de la difficulté à incorporer et à équilibrer vos propres besoins au sein des relations. Un parent ou un adulte référent peut vous avoir semblé privilégier son identité ou sa vie érotiques par rapport à vos besoins. Vous pouvez devoir mettre en phase ces différents aspects de votre identité afin de les accueillir et de les honorer.

- **Mars** met l'accent sur la chaleur et les atteintes qui ont pu être portées à votre corps. Cette position signale souvent une dynamique de confrontation avec les autres. Vous devrez apprendre à vous protéger et peut-être à canaliser votre énergie combative au service d'une lutte noble. Un parent ou un adulte référent peut avoir dépassé vos limites et vous avoir fait du mal ou avoir lui-même été blessé, de sorte à affecter votre propre sentiment de sécurité.

- **Jupiter** apporte une propension à exagérer, à trop donner et à trop en faire en rapport au corps, aux émotions et aux relations avec les autres. Cet aspect vous met au défi de trouver votre équilibre émotionnel et physique. L'apprentissage des limites peut être le travail le plus important de votre vie. Vous pouvez avoir tendance à trop donner et à surestimer ce que vous êtes capable d'offrir physiquement et émotionnellement, pour ensuite surcompenser dans le sens inverse afin de rétablir l'équilibre. Cela peut être un schéma à surveiller. Un parent ou un adulte référent a pu être hors du commun, avoir une personnalité ou des besoins écrasants, ou faire preuve d'une exubérance grisante mais pas forcément réaliste.

- **Saturne** est la plus délicate de toutes les oppositions à la Lune. L'opposition de Saturne à votre Lune peut créer des situations qui entravent l'accès au confort, à la compassion et à l'attention que vous recherchez. Elle donne lieu à un sentiment d'infériorité et à une difficulté à demander de l'aide. Vous pouvez avoir eu un parent en rétention affective ou émotionnellement indisponible. Avec cette position, vous devez vous accorder la permission de commettre des erreurs, d'en tirer des enseignements et d'être ouvert aux remarques constructives.

- **Uranus** peut dénoter les incohérences de votre jeunesse, de vos parents et les traumatismes de votre enfance. Cet aspect peut créer un désir de quitter ce qui semble stable et de changer ce qui est familier, ainsi qu'une difficulté à forger et à maintenir des relations. Vous pouvez avoir eu un parent ou un adulte référent dont le tempérament exaltant, fantasque, extrémiste et expérimental a compromis votre sécurité.

- **Neptune** peut produire de l'anxiété en raison d'un manque d'ancrage dans votre vie. Vous pouvez éprouver de la difficulté à être constant émotionnellement. Vous pouvez être susceptible d'être floué par les autres et avoir du mal à déchiffrer les intentions de ceux qui cherchent à vous utiliser ou à profiter de vous. Vous pouvez avoir fait l'expérience d'un parent ou d'un adulte référent qui était soit émotionnellement épuisant, soit incapable de maintenir ses propres limites, de répondre à ses propres besoins ou d'être là pour vous de façon constante. Afin de développer votre maturité émotionnelle, il vous sera indispensable d'examiner avec discernement les démonstrations des besoins des autres plutôt que de vous laisser duper par elles.

- **Pluton** peut créer un désir de contrôler vos émotions et un manque de sécurité vous empêchant d'être vulnérable, détendu et ouvert avec les autres. L'inverse peut également être vrai, et vous pouvez vous sentir dominé ou submergé par les caprices, les désirs et les exigences des autres. Il peut vous falloir beaucoup de temps pour analyser vos émotions et ainsi pouvoir les comprendre ; sans quoi, elles peuvent entrer en éruption tel un volcan. Vous avez pu avoir un parent ou un adulte référent à la personnalité écrasante, dominatrice, intense ou épuisante pour votre organisme. Pour vous séparer de lui, vous avez pu devoir traverser un processus complet de transformation et de réinvention.

Aspects fusionnels

CONJONCTIONS

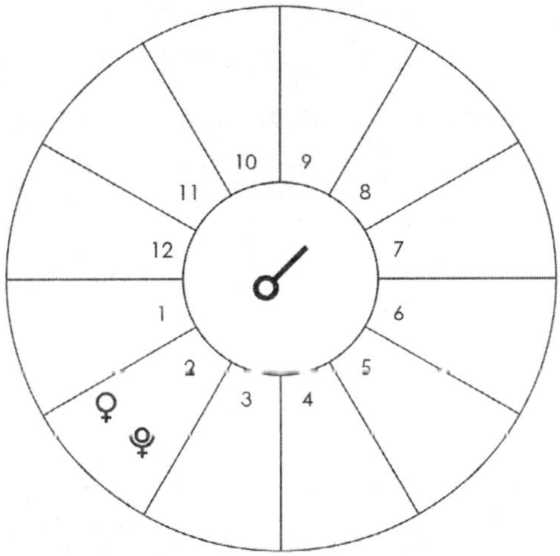

La Lune est particulièrement influençable ; de ce fait, toute planète se trouvant dans le même signe qu'elle peut avoir un impact considérable sur le style qu'elle va manifester.

Une conjonction de votre Lune à...

- **votre Soleil** réunit les deux lumières de votre thème, ce qui signifie que le but de la vie et la façon dont il s'incarne partagent le même style. Quand le Soleil et la Lune sont réunis, cela indique que vous êtes né soit à la fin soit au début d'un cycle lunaire, selon leurs degrés.

- **Mercure** unit le besoin de confort et la communication. Vous pouvez gérer vos sentiments verbalement, trouver du réconfort dans les échanges qui créent des liens ou rechercher la compagnie de ceux qui pensent comme vous. Vous pouvez avoir eu un parent ou un adulte référent exceptionnellement bavard, plein d'esprit ou doué pour la vente.

- **Vénus** est un aspect favorable qui indique une certaine facilité. Vous pouvez être capable de nouer des liens en étant accessible et amical ou beau et séduisant. Vénus peut toujours offrir le présent de la beauté, et ce privilège apporte parfois le confort matériel. Cet aspect peut désigner une personne ayant un parent attirant, cherchant à plaire, gracieux et/ou artistique.

- **Mars**, planète qui par nature est source de surchauffe, peut créer une inflammation du corps ou du système émotionnel. Vous pouvez éprouver de la difficulté à vous calmer, à ralentir et à établir ou maintenir des relations. Vous pouvez avoir eu un parent qui n'avait aucune considération pour vos limites, comme avec le carré et l'opposition entre la Lune et Mars. Vous pouvez être émotionnellement sur la défensive et sur la réserve, et vous devez apprendre à trouver la sécurité en vous-même pour pouvoir respecter les limites de votre corps, de votre vie et des autres.

- **Jupiter** produit des besoins extrêmes : cet aspect demande beaucoup, veut beaucoup donner et aspire à créer toujours plus de lien. Jupiter est une planète généreuse, génératrice et abondante, ce qui en fait une configuration très favorable, voire irrésistible. Vous pouvez avoir eu un parent à la personnalité hors du commun qui vous a encouragé à occuper l'espace ou qui a au contraire dominé votre environnement, laissant peu de place pour vous.

- **Saturne** est l'une des conjonctions les plus difficiles qui soient tant la Lune et Saturne sont différentes. La Lune recherche les liens, la protection, la sécurité et la nourriture affective, tandis que Saturne est austère, crée des limites et des structures, et rejette ce qui est proposé. Saturne tend à faire croire à la Lune qu'elle n'est pas digne d'être nourrie. Vous devrez peut-être apprendre à développer des limites solides qui permettent l'amour et le lien. Vous pouvez avoir eu un parent ou un adulte référent distant, indisponible, accompli, dépressif, excessivement productif ou vécu comme une force oppressante dans votre vie.

- **Uranus** peut donner lieu à une instabilité dans les relations, due à une alternance régulière entre le besoin de réconfort et le besoin d'espace. Les personnes ayant cette position viennent souvent d'une famille fragmentée ou excentrique, ou peuvent chercher à rompre avec la tradition familiale en créant leur propre famille. L'individu peut aussi aspirer à fonder un foyer et une famille d'une façon originale ou différente. Vous avez peut-être eu un parent ou un adulte référent dont les circonstances l'ont contraint à ne pas pouvoir être là pour vous de façon stable. Il a pu avoir une façon atypique de s'occuper de vous ou ne pas vous accorder une attention suffisamment constante pour vous permettre de vous sentir rassasié, sur le plan émotionnel ou autre. Si vous apprenez à vous apporter ce dont vous avez besoin, jour après jour, vous ferez un grand pas vers votre guérison.

- **Neptune** vous donne une propension à fusionner avec les autres avec beaucoup de sensibilité, d'empathie et de compassion. En revanche, vous pouvez avoir du mal à maintenir vos limites et devrez apprendre à vous différencier des autres. Vous pouvez avoir eu la sensation qu'un parent ou un adulte référent ne vous percevait pas comme une personne distincte et avait besoin que vous vous occupiez de lui, surtout si l'addiction ou la maladie faisaient partie de la relation.

- **Pluton** crée une vie émotionnelle intense. Vous vous unissez aux autres avec une force qui peut être épuisante ou dévorante. Vous pouvez être sujet à l'obsession, ou avoir eu un parent ou un adulte référent dont c'était le cas. Vous êtes probablement quelqu'un à qui les gens viennent toujours raconter leurs problèmes. Vous êtes charismatique, voire impressionnant, vous dégagez une aura de pouvoir et vous avez une influence profonde et potentiellement inconsciente sur les autres. Vous avez pu avoir un parent ou un adulte référent qui s'est senti dévoré par une situation ou par une personne et, de ce fait, vous donner l'impression de ne pas être vu ou choyé. Votre parent peut avoir tenté d'envahir vos limites, votre énergie et votre espace personnels, ou avoir subi cela dans sa propre vie. Le pouvoir personnel et son usage deviennent des thèmes importants dans ces dynamiques.

Questions de réflexion

- Quelles planètes aident votre Lune ? Ressentez-vous leurs bonnes grâces ? Vous arrive-t-il de minimiser ces bienfaits ou de les prendre à la légère ? Qu'est-ce qui peut vous aider à tirer au mieux parti de ces faveurs dans votre thème afin de réaliser votre plein potentiel ?

- Quelles planètes entravent ou représentent un défi pour votre Lune ? La découverte de ces éléments dans votre thème vous procure-t-elle un sentiment de validation ? Qu'est-ce qui peut vous aider à appréhender ces défis comme des vecteurs de croissance et non comme des obstacles inébranlables ?

- Qu'est-ce qui a été validé dans votre perception de vos besoins physiques et émotionnels ?

- Comment pouvez-vous vous assurer de trouver toutes les nourritures dont vous avez besoin ?

- Qu'est-ce qui a été validé dans la nature de votre relation à un parent ? Cette validation vous accorde-t-elle la permission de guérir ? Vous ouvre-t-elle à la gratitude pour une certaine relation parentale ou au lâcher-prise par rapport au souvenir douloureux d'une autre ?

- Après avoir terminé ce chapitre, prenez soin de vous. Nourrissez-vous. Soyez bon envers votre corps durant le reste de la journée. Rappelez-vous qu'il s'agit de la manifestation physique de votre vocation d'âme et accordez-lui le respect qu'il mérite.

V

LA TROISIÈME CLÉ

VOTRE ASCENDANT ET SON MAÎTRE

La motivation de votre existence et le pilote de votre navire

En astronomie, le point de l'ascendant correspond au degré exact du zodiaque qui se levait à l'est à l'instant de votre premier souffle. De ce fait, votre ascendant vous est incroyablement spécifique – c'est le point le plus personnel de votre thème. Le degré du zodiaque au levant Est se modifie toutes les quelques minutes ; ainsi, plus votre heure de naissance sera précise, plus votre ascendant pourra vous apporter d'informations personnelles.

Le terme « ascendant » désigne non seulement le point astronomique, mais aussi le signe dans lequel celui-ci est placé. Par exemple, si ce point tombe en Sagittaire, vous êtes ascendant Sagittaire. La nature du signe positionné à l'horizon est lors de votre venue au monde symbolise la motivation de votre existence. Elle nous renseigne sur ce qui vous motive, ce qui vous fait vous lever le matin et ce qui vous propulse sur la quête de la vie.

Comme l'enseigne Demetra George dans son livre *Astrology and the Authentic Self*, l'ascendant dénote ce pour quoi nous voulons être connus. Les signes ascendants de feu – Lion, Bélier et Sagittaire – sont motivés et veulent se distinguer par leur capacité à entreprendre des actions. Les signes ascendants de terre – Capricorne, Taureau et Vierge – sont motivés et veulent se distinguer par leur capacité à construire des structures pratiques et inébranlables. Les signes ascendants d'air – Balance, Verseau et Gémeaux – sont motivés et veulent se distinguer par leur capacité à communiquer et à échanger des idées. Les signes ascendants d'eau – Cancer, Scorpion et Poissons – sont motivés et veulent se distinguer par leur capacité à créer et à entretenir des liens affectifs.

Chaque signe est régi par une planète, et il en va de même pour votre ascendant. La planète qui régit votre ascendant est appelée le « maître de l'ascendant ». Elle vous indique la direction que votre vie doit emprunter. Elle est, ainsi que l'a décrit Robert Schmidt, le « pilote » du navire de votre vie. Par exemple, si vous êtes ascendant Bélier, alors le maître de votre ascendant est Mars, car le Bélier est régi par Mars. En d'autres termes, Mars est le pilote de votre navire.

Les maîtres de chaque signe

- Le Bélier ♈ est régi par Mars ♂
- Le Taureau ♉ est régi par Vénus ♀
- Les Gémeaux ♊ sont régis par Mercure ☿
- Le Cancer ♋ est régi par la Lune ☾
- Le Lion ♌ est régi par le Soleil ☉
- La Vierge ♍ est régie par Mercure ☿
- La Balance ♎ est régie par Vénus ♀
- Le Scorpion ♏ est régi par Mars ♂
- Le Sagittaire ♐ est régi par Jupiter ♃
- Le Capricorne ♑ est régi par Saturne ♄
- Le Verseau ♒ est régi par Saturne ♄
- Les Poissons ♓ sont régis par Jupiter ♃

Pour comprendre votre ascendant et la manière dont il façonne la motivation de votre existence, il est utile d'explorer les quatre éléments suivants :

1. Quelle est la motivation de votre existence ? (Quel est le signe de votre ascendant ?)

2. Qui influence la motivation de votre existence ? (Avez-vous des planètes dans le même signe que votre ascendant ?)

3. Qui pilote le navire de votre vie ? (Quelle planète régit votre ascendant ?)

4. Vers quel domaine de la vie êtes-vous guidé ? (Quelle maison occupe le maître de votre ascendant ?)

Si nous savons ce qui nous motive, nous avons déjà parcouru la moitié du chemin vers le bonheur. Si nous savons par exemple que l'une de nos motivations personnelles est l'expression et la reconnaissance de nos états émotionnels profonds, pourquoi perdrions-nous une minute de plus à nous reprocher notre sensibilité ? Si nous savons que nous sommes notamment motivés par la mise en œuvre d'actions courageuses, pourquoi rejetterions-nous notre vraie nature en nous efforçant de faire preuve de réserve, de détachement ou d'une sage obéissance aux règles ?

Pour nous accepter radicalement, nous devons comprendre que nous sommes exactement tels que nous devons être. Il n'y a aucune part de nous qui soit dénuée de sens. Il n'y a rien d'inutile dans notre constitution. Aucune erreur n'a été commise.

Au fil de votre exploration du signe de votre ascendant, du maître de votre ascendant et de la maison occupée par le maître de votre ascendant, notez ce qui vous vient et quelles sont les parts de vous que vous jugez automatiquement, celles que vous acceptez et celles que vous rejetez.

Points clés à retenir sur votre ascendant et sur le maître de votre ascendant

- L'ascendant est le point exact du ciel qui se trouvait à l'horizon est à l'instant de votre premier souffle. Il est déterminé par votre heure, votre date et votre lieu de naissance.

- L'ascendant désigne à la fois le point astronomique et le signe dans lequel il se trouve.

- Votre ascendant représente la motivation de votre existence et ce pour quoi vous souhaitez être connu.

- Le maître de votre ascendant est la planète qui régit le signe de votre ascendant.

- Cette planète est le pilote du navire de votre vie.

- La maison occupée par le maître de votre ascendant vous indique le domaine de la vie vers lequel vous êtes guidé.

DANS VOTRE THÈME

TROUVEZ VOTRE ASCENDANT

Cherchez ce symbole ☼ dans votre thème.
Il s'agit de votre ascendant.

Le point de l'ascendant se trouve toujours en maison I, qui correspond au secteur situé à gauche de votre thème et comportant le numéro 1. Le signe dans lequel il est placé est votre signe ascendant.

Quel est le signe de votre ascendant ?

Mon ascendant se trouve dans le signe____________________.

Les planètes se trouvant dans le même signe que mon ascendant sont ____.
(N'oubliez pas que vous pouvez n'en avoir aucune.)

Quelle planète régit votre ascendant ?

Le maître de mon ascendant est ___________________________.

Le maître de mon ascendant se trouve dans le signe _____________.
Le maître de mon ascendant se trouve en maison _____________ de____.

LE SIGNE DE VOTRE ASCENDANT
QUELLE EST LA MOTIVATION DE VOTRE EXISTENCE ?

Quel est le signe de votre ascendant ?

Le signe de votre ascendant vous informe sur le style avec lequel vous allez traverser cette expérience terrestre. En observant dans les thèmes de Frida Kahlo et de Maya Angelou l'incidence de leur ascendant sur leur motivation dans la vie, nous pouvons entrevoir ce qui les a menées à devenir artistes et activistes. Frida Kahlo et Maya Angelou sont toutes deux de signe ascendant Lion ; aussi, elles avaient pour motivation l'expression de soi, l'affichage de leur expérience intérieure dans le monde, et l'entrée dans la vie d'une façon spectaculaire et fascinante susceptible d'attirer l'attention sur leurs activités. Le Lion est un signe fixe de feu qui a une dimension d'intensité, de force et de pouvoir. Frida Kahlo a incarné ces attributs dans ses centaines d'autoportraits. Maya Angelou, animée d'une motivation semblable d'expression créative, l'a fait à travers sa poésie, ses romans, ses essais, sa danse, son œuvre télévisée, ses films, sa musique et son travail universitaire, qui ont été récompensés par de nombreux prix.

Le moment est venu de choisir votre propre aventure. Passez directement à la section qui traite du signe de votre ascendant.

ASCENDANT BÉLIER

♈ ☼

Ascendant Bélier, vous souhaitez vous distinguer par votre capacité d'action. Avec beaucoup de courage et peu de considération pour les conséquences, votre ascendant Bélier recherche les expériences que seule la prise de risques peut apporter. Dans ce signe cardinal de feu, votre ascendant vous fait entrer dans la vie par des coups de tête. On sait que les impacts aident le squelette à renforcer la densité osseuse, et, de la même manière, vos collisions épisodiques peuvent construire une forme de résilience que votre ascendant Bélier apprécie.

Le Bélier gouverne la tête et le visage. Ainsi, avec votre ascendant dans ce signe, cette zone de votre corps peut être proéminente, sujette à des problèmes ou sensible au toucher. Votre mascotte le bélier recherche des adversaires dignes de ce nom, et vous en faites de même. Si certains peuvent trouver votre style agressif, votre manière d'être au monde est franche et sans détour. Que ce soit en amour, au travail ou dans les loisirs, votre ascendant Bélier a besoin d'un peu de piquant pour garder son intérêt.

Régi par Mars, le Bélier vous encourage à faire vos preuves par des actes de bravoure qui éprouvent votre capacité à vous battre et à triompher. Vous avez certainement la réputation d'être une force de la nature, un être indépendant et affirmé qui persévère et sévit contre tous ceux qui se mettent en travers de son chemin. Cette part de vous exige que vous mettiez à profit cette énergie, sous peine de la voir se retourner contre vous. Quand il est dénaturé, votre ascendant

Bélier peut être comme une allumette craquée à la face d'un monde dégoulinant d'essence.

Affirmations

- Je fais confiance à mes réactions intuitives à la vie.
- Chaque fois que je risque ma réputation pour suivre ma vérité, j'en ressors fortifié.

Questions de réflexion

- Qu'est-ce qui éveille un écho en vous dans cette description du Bélier ? Qu'est-ce qui vous motive dans cette description ?
- Dans quels aspects de votre vie entreprenez-vous régulièrement des actions que les autres trouvent courageuses ?
- Qu'est-ce qui a tendance à éveiller votre esprit de compétition ? Quand celui-ci vous aide-t-il à vous améliorer ? Quand contribue-t-il à des séparations douloureuses dans votre vie ?

ASCENDANT TAUREAU

♉

Avec votre ascendant en Taureau, signe fixe de terre, vous souhaitez vous distinguer par votre capacité à stabiliser les ressources disponibles et à en faire quelque chose de beau et de pérenne. Votre ascendant Taureau sait donner forme à la beauté. Régi par Vénus, la planète de l'amour, des relations, du lien, du plaisir et du charme, le Taureau sait construire un nid d'amour durable. Gouvernant le cou, la gorge et les épaules, votre ascendant Taureau peut vouloir voir ces zones spécialement couvertes de baisers, d'élixirs enivrants ou de bijoux éblouissants.

La nature fixe du Taureau vous fait connaître pour votre entêtement, mais aussi pour votre aptitude à ancrer et à manifester le potentiel que les autres ne remarquent pas. Votre ascendant Taureau est un rappel, pour vous et pour tout le monde, qu'il faut profiter des plaisirs simples de la vie. Du balancement d'une branche d'arbre. Du balancement d'une hanche. Du balancement de votre bien-aimé.

Votre ascendant Taureau rassemble naturellement les gens autour de vous, car vous leur offrez généreusement une forme d'ancrage qui les nourrit. Le Taureau est générateur et, plus vous vous alignez avec cette qualité en vous, plus vous vous sentirez à l'aise. Le Taureau est ici pour produire ce qu'il peut à partir du terrain de sa vie, en cultivant les conditions favorables à la croissance future pour de nombreuses saisons.

Quand il est dénaturé, votre ascendant peut vous faire croire qu'il est plus sûr d'essayer de contrôler, de posséder ou de forcer la vie dans une certaine direction. Le Taureau ne se met pas facilement en colère mais, s'il est poussé à bout, votre taureau furieux est difficile à contenir.

Affirmations

- Je suis motivé à développer ce qui me semble générateur, abondant et stable.

- Ma persévérance me porte vers toutes les lignes d'arrivée qui me sont destinées.

Questions de réflexion

- Qu'est-ce qui éveille un écho en vous dans cette description du Taureau ? Qu'est-ce qui vous motive dans cette description ?

- Qu'avez-vous tendance à construire, à vous employer à atteindre ou à consolider dans votre vie ?

- À quels moments la recherche et le besoin du confort, de la sécurité ou du plaisir entravent-ils votre capacité à vivre des choses nouvelles ?

ASCENDANT GÉMEAUX

Le signe des Gémeaux est un fripon, un fauteur de troubles, un magicien, un vendeur, un chroniqueur, un ramasseur et un distributeur d'informations. Il serait capable de vendre une baguette cassée à un sorcier.

Avec votre ascendant dans ce signe mutable d'air, vous souhaitez vous distinguer par votre faculté de concurrencer toutes les autres sources d'informations. Vous adorez échanger les faits, les fictions, les scoops et les anecdotes alléchantes que vous parvenez à collectionner. Les Gémeaux ont toujours une histoire à raconter.

Animé d'une curiosité indéfectible, vous êtes motivé par la recherche de la stimulation intellectuelle et du lien social. Votre ascendant Gémeaux s'efforce toujours de voir les deux côtés des situations, cherchant non seulement à accepter, mais aussi à inviter la contradiction, la dualité et le paradoxe. Charismatique au plus haut point, vous avez une force de persuasion qui vous permet de tournoyer autour des secrets les plus impénétrables jusqu'à trouver une brèche dans laquelle vous faufiler.

Votre ascendant Gémeaux peut se faire connaître pour sa propension à soulever plus de questions qu'il n'apporte de réponses. Il ne vise jamais l'inertie. En perpétuel mouvement, ce signe symbolisé par les jumeaux se plaît davantage dans le dialogue que dans une certitude bétonnée.

Les Gémeaux gouvernent les bras et les mains, ainsi que les poumons, car tout bon communicant a besoin de vent pour porter son message. Les Gémeaux sont régis par Mercure, planète qui entre en phase rétrograde trois à quatre fois par an pour parcourir le monde souterrain. Changer de direction. Réévaluer les choses. Passer en revue ses possibilités. Se métamorphoser par un processus de purification mentale. Vous pourriez avoir tendance à imiter le cheminement de votre planète maîtresse. Quand il est dénaturé, votre ascendant peut sembler inconstant et dénué d'ancrage, ce qui fait douter les autres de vos intentions.

Affirmations

- Je suis programmé pour échanger ce que j'ai avec ceux qui m'entourent.
- Je suis aussi réfléchi que curieux.

Questions de réflexion

- Qu'est-ce qui éveille un écho en vous dans cette description des Gémeaux ? Qu'est-ce qui vous motive dans cette description ?
- Êtes-vous connu pour votre facilité à communiquer avec les autres ? Qu'est-ce qui vous inspire dans le fait de collecter et de diffuser l'information à votre manière ?
- En quoi la curiosité est-elle un moteur dans votre quotidien ?

ASCENDANT CANCER

♋ ☼

La spécialité du Cancer, c'est de ressentir. Le Cancer nous initie à notre besoin d'entrer en lien, nous encourage à laisser couler les larmes coincées dans nos canaux et nous invite à nous occuper des parts les plus négligées de nous-même. Le Cancer crée la sécurité et la sûreté à travers des liens affectifs qui sont ou s'apparentent à des liens familiaux.

Avec votre ascendant dans ce signe cardinal d'eau, vous vous distinguerez par votre capacité à prendre soin de vos acolytes, de vos amis et des membres de votre famille, et à les initier au monde du cœur.

C'est en pressentant et en comblant les besoins des autres que votre ascendant Cancer crée du lien ; ainsi, il se souviendra toujours des préférences alimentaires de vos proches, de ce qu'ils pensent de leurs parents et de la couleur de leurs yeux quand ils sont malheureux. Le Cancer adore nourrir et être nourri, gouvernant l'estomac et les seins.

Le Cancer garde la mémoire. L'histoire. La généalogie. Obstiné parfois outre mesure, votre ascendant Cancer peut s'accrocher à une expérience bien après sa date de péremption.

Dans ce signe régi par la Lune, vous êtes sujet à des humeurs fluctuantes. La Lune passe son temps à s'épanouir, à lâcher prise et à renaître, reflétant votre besoin de vous inscrire dans un cycle continu de mort et de renaissance. La Lune nous rappelle combien il est important de ne pas trop s'attacher à un état ou à un autre.

Quand il est dénaturé, votre ascendant peut vous donner un côté lunatique, mélancolique et maladivement agrippé au passé. Vous pouvez être hypersensible et enclin à vous offusquer. Le Cancer est symbolisé par le crabe, dont la carapace dure peut lui donner un air défensif malgré un intérieur des plus tendres.

Affirmations

- Je suis motivé à ressentir et à être ressenti.
- Je donne mon attention là où je sais qu'elle est appréciée et désirée.

Questions de réflexion

- Qu'est-ce qui éveille un écho en vous dans cette description du Cancer ? Qu'est-ce qui vous motive dans cette description ?
- Vos humeurs ont-elles tendance à entraver votre capacité à être constant dans votre présence au monde ? Comment faites-vous pour gérer cela ? Adoptez-vous une posture défensive quand vous éprouvez un sentiment inattendu de vulnérabilité ? Qu'est-ce qui vous aide dans ce cas-là ?
- Votre rapport au monde est-il marqué par votre facilité à repérer les personnes qui ont besoin que l'on prenne soin d'elles ? Comment vous sentez-vous quand vous avez pu aider, nourrir ou aimer les autres ? Comment gérez-vous vos attentes des autres ?

ASCENDANT LION

♌

Le Lion brille sans scrupule, sachant que toute performance est par essence un acte spirituel. L'acteur monte sur scène et permet à la condition humaine, dans toute sa gloire et dans toute son horreur, de s'exposer au service de la collectivité. Nous sommes en quête d'un reflet fidèle de notre douleur, de notre beauté et de nos fardeaux. C'est thérapeutique de voir quelqu'un traverser ce à quoi nous sommes nous-mêmes confrontés. Tel est le don du Lion.

Prêt à faire rugir la foule de rire, votre ascendant Lion, tel son maître le Soleil, est né pour être au centre des situations. Ce signe fixe de feu vous prodigue une facilité notoire à vous exprimer et vous permet ainsi d'attirer l'attention. En votre présence, les gens, qu'ils en soient ou non conscients, deviennent le public de votre performance. Votre ascendant Lion a besoin d'être apprécié, aimé et adoré pour tout ce que vous proposez.

Le Lion gouverne le cœur et la colonne vertébrale. Votre démarche assurée stimule l'organisme, élève le rythme cardiaque, augmente le flux sanguin. Espiègle et spontané, votre ascendant Lion s'illustre par son amour des coups de théâtre et par le pouvoir d'une belle entrée en scène. À l'image de la noblesse symbolisée par son maître (le Soleil), le Lion est très à l'aise avec le port de la couronne.

Quand il est dénaturé, ce signe vire à l'obsession de lui-même. La tanière du Lion est constellée de penchants à l'égomanie, à l'autoritarisme et au nombrilisme. Orgueilleux par nature, le lion peut attaquer quand il est provoqué.

Dégageant une puissante présence, votre ascendant Lion veut illuminer les scènes ; à vous de découvrir lesquelles.

Affirmations

- Je m'autorise la pleine expression de moi-même.
- Je suis ici pour répandre ma lumière tout en appréciant l'éclat de ceux qui m'entourent.

Questions de réflexion

- Qu'est-ce qui éveille un écho en vous dans cette description du Lion ? Qu'est-ce qui vous motive dans cette description ?
- Pour quoi recevez-vous généralement l'attention ? Est-elle positive ? Négative ? Vous reprochez-vous votre besoin de reconnaissance, d'amour, de félicitations ou d'appréciation ?
- Pour quoi désirez-vous le plus être connu ? Pour quoi désirez-vous le plus être célébré ? Êtes-vous réputé pour votre espièglerie ? Est-ce important pour vous ? Êtes-vous réputé être une diva ? Est-ce important pour vous ?

ASCENDANT VIERGE

Ascendant Vierge, signe mutable de terre, vous vous distinguez par votre aptitude à transformer les informations dont vous disposez en quelque chose d'utile, de pratique, d'applicable. Votre ascendant Vierge est comblé quand vous développez votre talent et que vous œuvrez pour quelque chose qui a du sens pour vous. Vous employant indéfiniment à parfaire ce sur quoi vous êtes concentré sur le moment, vous avez une capacité stupéfiante à mettre le doigt sur ce qui ne fonctionne pas.

La Vierge est exigeante, critique, profondément introspective, intriguée par les systèmes intelligents – surtout ceux qui sont thérapeutiques, efficaces et d'origine naturelle. Votre ascendant est motivé à analyser, digérer et assimiler les informations que vous recueillez. La Vierge passe son temps à assembler les choses et à éliminer le superflu. À ce titre, elle gouverne l'intestin grêle, le diaphragme, la rate et le système digestif. Cela vous rend habile à nettoyer l'organisme physique, émotionnel et intellectuel. Né pour être guérisseur, soignant ou professionnel de santé, votre ascendant est motivé à découvrir la racine des problèmes dans une démarche de guérison holistique.

Ce signe est symbolisé par une vierge, généralement accompagnée d'une gerbe de blé et d'un oiseau pour représenter la nature à corps double de ce signe mutable. Dans le monde antique, le terme « vierge » désignait une personne qui ne s'appartient qu'à elle-même, et non une personne n'ayant jamais eu de relation sexuelle. Se consacrant à la découverte de sa propre nature avec un dévouement discipliné, la Vierge pratique l'autogénération comme moyen de se relier au plan spirituel. Cela peut vous prêter un style potentiellement perçu comme renfermé, inaccessible ou détaché, alors qu'en réalité vous êtes simplement très occupé à l'intérieur.

Ce que le monde extérieur ne comprend pas forcément, c'est que la Vierge est atrocement sensible. Derrière sa faculté critique se cache un profond désir d'alignement. La Vierge purifie et, en amour, elle a besoin d'un partenaire disposé à analyser constamment le matériau de l'instant.

Quand elle est dénaturée, la Vierge a tendance à retourner votre exigence contre vous-même. Votre Vierge peut trouver à redire à tout et à son contraire, au point de vous persuader que vous n'avez rien à offrir ou que rien ni personne n'est digne de vos efforts. Vous devrez développer une conscience aiguë afin d'intercepter votre autosabotage, votre autodénigrement ou votre autosurveillance et rediriger cette énergie pour œuvrer au service de quelque chose de plus grand.

Affirmations

- Je me voue à servir ce qui est sacré pour moi.
- Je fais preuve de patience quand les autres sont encore en train d'apprendre ce que je sais déjà.

Questions de réflexion

- Qu'est-ce qui éveille un écho en vous dans cette description de la Vierge ? Qu'est-ce qui vous motive dans cette description ?

- Êtes-vous réputé être quelqu'un qui travaille dur ? Avez-vous une propension naturelle à vous surmener ? Avez-vous tendance à trop en faire au travail ? Avez-vous tendance à trop analyser les choses, et ceci entrave-t-il votre capacité à accomplir les tâches qui vous incombent ? Vous arrive-t-il d'utiliser le travail comme moyen d'éviter de vivre l'intimité, le plaisir ou certains aspects de votre existence ?

- Qu'avez-vous tendance à critiquer excessivement chez vous ? Qu'avez-vous tendance à critiquer excessivement chez les autres ? Comment cela nuit-il à l'intimité dans votre vie ?

ASCENDANT BALANCE

♎

Votre ascendant Balance est motivé à amorcer des relations. Ce signe cardinal d'air a une capacité étonnante à se lier avec n'importe qui, n'importe où et n'importe quand. Même si vous êtes extrêmement introverti, votre ascendant Balance aura tendance à être sociable, de compagnie agréable et compréhensif envers les vicissitudes de ceux qui l'entourent.

Régie par Vénus, la Balance a un style de communication qui met les gens en confiance. Votre ascendant Balance peut certainement convaincre les autres de faire des choses pour vous sans même qu'ils en aient conscience. La simple suggestion est un procédé puissant quand elle est livrée par une personne au charme si désarmant.

La beauté et l'inspiration trouvée dans l'art, le design et la nature délicate de l'harmonie font partie de vos plus précieux atouts. Dans la plupart des situations, vous êtes motivé à créer la paix et à éviter toute discorde inutile.

Ce signe est symbolisé par une balance et, à ce titre, vous pouvez vous sentir responsable de l'équilibre de toutes les situations dans lesquelles vous vous trouvez. La Balance gouverne les reins, organes qui régulent la concentration en électrolytes dans l'organisme. Tout ce qui manque d'équilibre peut devenir un sujet d'obsession. Rongé à l'idée de prendre la mauvaise décision, votre ascendant Balance peut parfois soupeser un choix jusqu'à la saint-glinglin.

La Balance recherche intuitivement les moyens de compenser les manques dans toute situation. Troublé à la pensée que quiconque puisse être contrarié, votre ascendant Balance peut vous accabler avec l'idée erronée que c'est à vous de vous assurer que tout le monde soit content. Il s'agit d'une quête sans fin qui est perdue d'avance.

Bouleversé par l'injustice, votre ascendant Balance veut connaître tous les aspects des situations. Vous pouvez avoir du mal à être ferme et devrez surveiller votre facilité à déléguer votre pouvoir de décision. Dans sa volonté de ne jamais être perçu comme une cause de tort ou de rupture, votre ascendant Balance peut s'efforcer de vous faire paraître irréprochable, mais c'est impossible. Pour exister dans le ring de la vie, vous devrez être capable de prendre position. Sinon, vous n'irez nulle part.

Quand il est dénaturé, le signe de la Balance peut paraître hypocrite, obsédé par la beauté esthétique et incapable de franchise. Pour contrer cela, vous devrez certainement travailler à cultiver l'équilibre intérieur et l'amour de soi.

Affirmations

- Je suis ici pour faire l'expérience de ce que peut être l'équilibre à chaque instant.

- Dans ma quête de justice, je m'inclus dans l'équation.

Questions de réflexion

- Qu'est-ce qui éveille un écho en vous dans cette description de la Balance ? Qu'est-ce qui vous motive dans cette description ?

- Vous est-il difficile de faire des choses susceptibles de décevoir ? Êtes-vous constamment en train de soupeser ce que vous devez faire par rapport à ce que les autres veulent que vous fassiez ou attendent de vous ?

- Êtes-vous mû par la volonté de créer la justice, la beauté ou le lien entre les personnes que vous aimez ?

- Quand vous voyez ou vivez une injustice, à n'importe quel niveau, que se passe-t-il dans votre corps, dans votre mental et dans votre cœur ?

ASCENDANT SCORPION

♏

Signe fixe d'eau, le Scorpion est renommé pour sa capacité à pénétrer les surfaces les plus dures et à franchir les évidences pour atteindre le plan souterrain de l'inconnu. Si vous êtes ascendant Scorpion, signe régi par Mars – le guerrier, la lance, l'arme –, vous serez motivé à découvrir la vérité, quel que soit ce qui se dresse sur votre chemin.

Vous vous distinguerez certainement par votre propension à être stratégique. Patient. Perspicace. Puissant. Capable d'attendre que ce que vous recherchez parvienne jusqu'à vous. Vous avez d'indéniables réserves de force émotionnelle, indispensables à l'accomplissement de votre mission. Une fois que vous avez pris une décision, votre ascendant Scorpion, inébranlable, vous donne la force de n'en jamais douter. L'énergie du Scorpion est implacable. Il est si puissant qu'il peut démolir tout ce qui se met en travers de son chemin. Aucune épreuve n'est trop grande pour lui. Sa résilience est sans égale. Son intensité est indéfectible. C'est vraisemblablement pour cette raison que vous ne prenez pas de décisions impulsives. Une fois que vous êtes lancé, bonne chance à quiconque tenterait de vous dévoyer. « Entêté » est un euphémisme pour vous qualifier.

Gouvernant les organes de la reproduction et de l'élimination, le Scorpion n'est déconcerté par les bizarreries d'aucune imagination. Toujours partant pour explorer les possibilités du pouvoir et du jeu, le Scorpion est réputé pour son magnétisme sexuel. Mais les stéréotypes de ce genre sont généralement à côté de la plaque. Le Scorpion peut souvent servir aux autres de porte vers la transformation. À l'aise avec l'inconfort, le Scorpion n'a pas peur du processus de changement. Cette intensité est perçue comme séduisante et inquiétante. Qu'il le recherche ou non, ce qui est sûr, c'est que le Scorpion fait forte impression.

Quand il est dénaturé, votre ascendant est capable d'autosabotage destructif et obsessionnel. Pour prouver votre point de vue, vous pouvez tourner le dos à ce dont vous avez le plus besoin. Impitoyable, un Scorpion dénaturé préfère survivre aux conditions les plus dures qui soient plutôt que de céder à son adversaire. Vous pourrez constater que, pour faire valoir une position, vous ne craignez pas de souffrir – vous y êtes peut-être même un peu trop disposé. Très souvent, le Scorpion devient le dépositaire de tout ce qui nous effraie mais, en réalité, c'est cette énergie qui nous aide à défier, à combattre et, à terme, à surmonter ces peurs.

Affirmations

- Je dirige mon énergie vers les personnes et les lieux qui apprécient son pouvoir et son impact.

- Je respecte ma force en m'autorisant aussi à être vulnérable.

Questions de réflexion

- Qu'est-ce qui éveille un écho en vous dans cette description du Scorpion ? Qu'est-ce qui vous motive dans cette description ?

- Les gens vous disent-ils parfois qu'ils vous ont trouvé intimidant lors de votre première rencontre ? Êtes-vous entouré d'une aura de mystère qui vous précède ?

- Recherchez-vous constamment les motifs inavoués des personnes et des situations ?

- Les gens vivent-ils souvent en votre présence des expériences émotionnelles ou cathartiques qu'ils ont du mal à comprendre ou qui les marquent profondément ?

ASCENDANT SAGITTAIRE

♐

Le Sagittaire est le signe mutable de feu qui sait insuffler au monde sa bienveillance en toutes circonstances. Régi par Jupiter la géante gazeuse, le Sagittaire ne connaît pas la sobriété. Ascendant Sagittaire, vous abordez tout ce que vous faites, y compris les plus petites choses, avec une présence totale, un enthousiasme débridé et une légèreté à toute épreuve. Votre ascendant Sagittaire, qui n'est pas connu pour sa précision, vous propulse souvent dans la direction de vos désirs plutôt que de vous pousser à rechercher des indications spécifiques sur une carte.

Mais vous atteignez généralement votre destination.

Animé d'une énergie apparemment sans bornes, ce signe de feu vous motive à errer, à vagabonder et à vous émerveiller sur ce qui peut bien se cacher au-delà du prochain horizon. Signe à corps double, le centaure est mi-homme, mi-cheval. À moitié domestiqué, à moitié sauvage, vous avancez avec autant de clairvoyance que d'impulsivité.

Généreux et prompt à la critique comme aux éloges, vous vous retrouvez souvent dans l'embarras pour avoir formulé ce que personne n'aurait osé dire. Emporté par la fièvre de votre transmission intuitive, votre ascendant Sagittaire vous fait connaître pour votre faculté d'arracher tous les filtres placés sur vous.

Enfant du bienfaisant Jupiter, votre ascendant vous encourage à sauter dans l'inconnu, partant du principe que vous aurez un heureux atterrissage. Et c'est généralement le cas. Il faut avoir la foi pour faire confiance à la vie, et vous n'en manquez pas.

Gouvernant les jambes et les cuisses, le Sagittaire préfère galoper plutôt que piétiner ; ainsi, les conséquences de vos actes sont brutales mais de courte durée.

Quand l'énergie du Sagittaire est dénaturée, elle produit une gourmandise insatiable. Fort de ses jours de gloire, le joueur risque ce qu'il n'a pas. Vous pouvez être consumé par l'appât du prochain moment d'extase. Pour rectifier cette tendance vous devez être tel l'archer, pointer votre flèche vers la vérité et suivre courageusement son envol dans un engagement total.

Affirmations

- Je suis libre de choisir la manière dont je m'implique dans ma vie.

- Je sais toujours quand partir, quand rester et quand poursuivre mon exploration, et j'honore la sagesse intuitive qui me guide.

Questions de réflexion

- Qu'est-ce qui éveille un écho en vous dans cette description du Sagittaire ? Qu'est-ce qui vous motive dans cette description ?

- Êtes-vous quelqu'un qui apporte de l'optimisme, des possibilités, de la chance et une générosité d'esprit à vos interactions ?

- Êtes-vous réputé être quelqu'un qui en fait trop ? Êtes-vous réputé être capable de faire des choses que les autres jugent impossibles ? Avez-vous tendance à mal étreindre à force de vouloir trop embrasser ? Que faites-vous dans ce cas-là ?

ASCENDANT CAPRICORNE

♑

Ascendant Capricorne, vous vous distinguerez par votre capacité à mettre à profit tout ce qui est à votre disposition. Votre mascotte est le mythique poisson-chèvre : la chèvre escalade des sommets inouïs le long d'impasses impossibles, tandis que le poisson possède la dextérité d'exécuter n'importe quelle tâche. Vous êtes motivé à réaliser des exploits phénoménaux et des accomplissements incroyables sur de longues périodes.

Le sens aiguisé de l'ironie du Capricorne vous permet d'accepter la vie telle qu'elle est. Indifférent à la dernière lubie à la mode, votre ascendant Capricorne peut apparaître aux yeux du monde comme un vieux sage grincheux. L'adolescence est une période inconfortable pour le Capricorne. Ce signe régi par Saturne s'en sort bien mieux avec l'âge. La jeunesse a beaucoup de qualités enviables, mais le temps est un enseignant sans pareil.

Le Capricorne affectionne le genre d'entraînement strict qui exige de se perfectionner tout au long de la vie ; ainsi, avec cet ascendant, vous vous distinguerez par votre disposition à bien vieillir. Vous êtes motivé à rechercher les perles de sagesse qui ne perdent jamais de leur éclat. Votre aptitude à vous concentrer sur un objectif et à l'atteindre n'est surpassée par aucun autre. Le Capricorne n'a pas besoin de confort pour s'épanouir. Vous ne recherchez pas les traitements de faveur, mais vous n'êtes pas du genre à refuser une récompense, un certificat ou la reconnaissance sociale de vos efforts.

Animé d'un feu intérieur, votre ascendant vous invite à réaliser vos objectifs avec un mélange de contemplation profonde et de volonté inébranlable d'accomplissement. La queue de poisson de votre mascotte dénote les profondeurs émotionnelles auxquelles vous mènera votre ascendant. Les océans symbolisent d'anciens royaumes de savoir. Connu pour votre autonomie émotionnelle, vous préférez généralement explorer vos propres vulnérabilités dans la solitude. Gouvernant les os et la peau, votre ascendant Capricorne s'épanouit quand il connaît les règles, les limites et les contours d'une relation.

Quand il est dénaturé, le Capricorne est un maître de l'autorestriction, du déni de soi, du rejet de soi et de l'autopunition. C'est un signe qui doit se souvenir de laisser entrer l'amour, le plaisir et la gentillesse, surtout quand il éprouve une sensation d'échec.

Affirmations

- Je suis ici pour accomplir de grandes choses et pour faire l'expérience de beaucoup d'amour et d'affection.
- J'honore le temps qui est nécessaire pour maîtriser ce qui a le plus de sens pour moi.

Questions de réflexion

- Qu'est-ce qui éveille un écho en vous dans cette description du Capricorne ? Qu'est-ce qui vous motive dans cette description ?

- Êtes-vous réputé être quelqu'un de mûr et de responsable ? Quand cela s'est-il transformé en fardeau ou quand a-t-on profité de vous pour cela ? Quand cela vous a-t-il servi ?

- Avez-vous souvent tendance à vous imposer des restrictions, à vous interdire le plaisir ou à renoncer à ce que d'autres trouvent essentiel ? Qu'est-ce que cela vous aide à accomplir, et qu'est-ce que cela vous empêche de vivre ?

ASCENDANT VERSEAU

Le Verseau n'est pas convaincu par la sentimentalité. Il n'est pas retenu par la nostalgie. Il n'est pas dupé par la flatterie. En tant que signe fixe d'air, le Verseau a de remarquables dons intellectuels. Ascendant Verseau, vous vous distinguerez par votre capacité à comprendre les systèmes au sein desquels vous vivez et à leur apporter des innovations pour le bien-être de toutes les personnes concernées.

Avec cet ascendant, vous n'êtes pas du genre à suivre le troupeau. Vous vous définissez en pensant par vous-même. Ne craignant pas de se démarquer du groupe ou d'être ostracisé pour ses idées, votre ascendant Verseau a une conscience sociale mais n'est pas du tout animé par la volonté de plaire aux autres.

Comme vous ne tirez pas de conclusions à la légère, vous n'êtes pas facilement influençable. Régi par Saturne, le Verseau est capable de séparer les faits de la fiction. Les signes régis par Saturne ont un profond respect pour la logique, les limites et les systèmes. Vous pouvez ne pas adhérer aux règles du jeu, mais en tout cas vous les maîtrisez parfaitement.

Désireux de vous distinguer par votre clarté, votre certitude et votre regard réfléchi, vous devrez vous montrer intrépide dans votre observation ou dans votre compte rendu de la vérité. Le porteur d'eau du zodiaque verse à l'humanité les libations qu'elle attend assoiffée. Quelles que soient les éventuelles protestations du monde, votre ascendant Verseau est suffisamment solide pour recevoir tout retour de bâton sans en faire une affaire personnelle.

Les eaux purifiantes du Verseau incarnent l'intelligence créatrice universelle. Bien que ce ne soit pas un signe d'eau, le Verseau gouverne la circulation du sang dans le corps, ainsi que les chevilles. Du fait qu'il soit régi par Saturne, la circulation dans le corps peut souvent s'en trouver restreinte ; la froideur notoire de ce signe se voit ainsi doublée d'une manifestation littérale et physique.

Quand il est dénaturé, le Verseau tend à aseptiser ses perceptions. Coupée de la sagesse du cœur, la logique ne peut offrir que des demi-vérités. Détaché et émotionnellement distant, le Verseau peut s'enfermer dans une tour d'ivoire de protection intellectuelle ; il doit alors veiller à ne pas minimiser l'intelligence émotionnelle. Le Verseau doit apprendre que les émotions ont leur génie propre et qu'elles nous mènent vers des vérités auxquelles la logique seule est incapable d'accéder.

Affirmations

- J'honore mon besoin d'être connu pour mon intellect.
- La vulnérabilité a sa propre sagesse.

Questions de réflexion

- Qu'est-ce qui éveille un écho en vous dans cette description du Verseau ? Qu'est-ce qui vous motive dans cette description ?
- Êtes-vous réputé pour votre clarté intellectuelle ? En quoi cela vous sert-il ? En quoi cela vous fait-il obstacle ?
- Votre rapport au monde est-il marqué par votre volonté de comprendre les systèmes dans lesquels nous vivons, comment travailler au sein de ces systèmes, et comment les renverser, les réformer ou leur apporter des innovations ?

ASCENDANT POISSONS

♓

Nul ne saurait contenir les eaux des Poissons, signe probablement le plus mutable de tous. Rabattre des poissons qui nagent dans des directions opposées est une entreprise qu'il vaut mieux éviter quand on souhaite utiliser son énergie à bon escient. Quiconque essaie de vous dompter se heurtera à un maître insoupçonné de l'autodéfense. Votre ascendant Poissons est motivé à faire l'expérience de la vie, pas à la contrôler, ni à être contrôlé par elle.

Signe à corps double, votre ascendant Poissons est motivé à se déplacer dans toutes les directions, rassemblant des influences de sources multiples et disséminant votre énergie de diverses manières. Vous finissez souvent par vous sentir complètement vidé ; aussi, l'un de vos plus grands défis sera d'apprendre à conserver votre force vitale et à la mettre au service de vos objectifs.

Les Poissons se coulent, s'infiltrent, se répandent et s'évaporent sans laisser de trace. Vous vous distinguerez certainement par votre aptitude à éroder les personnes, les situations et les limites, y compris les plus stoïques et les plus sévères. Telles des vagues sur les rochers, votre ascendant Poissons est perçu comme une onde infinie de compassion, de gentillesse et d'empathie – capable d'avoir à l'usure ceux qui vous rejettent sans raison. Soignant, guérisseur et médecin né, vous disposez d'une connaissance de la douleur et de son remède (généralement la bonté), qui agit comme un baume aux applications infinies. Tels l'artiste ou le poète, votre ascendant Poissons sait infuser toute matière de sa créativité, de son imagination et de son accessibilité émotionnelle.

Régis par Jupiter, les Poissons sont fertiles et générateurs. Signe d'eau, les Poissons pressentent en permanence les expériences émotionnelles des autres et, de par leur connaissance des remèdes, ils se sentent obligés de soigner les blessures de ceux qui ne sont pas forcément prêts à guérir.

Quand il est dénaturé, votre ascendant Poissons peut vous donner une réputation de martyr, dénué de limites, de structure ou de direction. Comme il vous permet d'user de votre charme pour vous décharger de vos responsabilités, le côté sympathique de votre ascendant Poissons peut aller à l'encontre de votre besoin de développer de la discipline. Gouvernant les pieds, les Poissons doivent trouver un moyen de s'ancrer dans le monde et ne pas céder à la tentation de s'enfuir à la nage.

Affirmations

- Je suis le courant tout en honorant mes besoins.
- En te voyant, je suis mieux à même de me voir moi-même.

Questions de réflexion

- Qu'est-ce qui éveille un écho en vous dans cette description des Poissons ? Qu'est-ce qui vous motive dans cette description ?
- Trouvez-vous des moyens de vous échapper des situations qui vous sont inconfortables, ennuyeuses ou accablantes ? En quoi cela vous aide-t-il ? En quoi cela vous nuit-il ?
- Avez-vous une aptitude ou une propension au caméléonisme ? Avez-vous tendance à vous perdre dans les autres ? Êtes-vous enclin à absorber les émotions, les humeurs et les problèmes de ceux qui vous entourent ?

LES PLANÈTES SE TROUVANT DANS LE MÊME SIGNE QUE VOTRE ASCENDANT **QUI INFLUENCE LA MOTIVATION DE VOTRE EXISTENCE ?**

Pour comprendre la motivation de votre existence, votre expression de cette motivation et ce pour quoi vous voulez être connu, il est important de connaître non seulement la signification et les implications de votre ascendant, mais aussi la nature de toute planète présente dans votre maison I. En effet, la maison I est le lieu où siège votre ascendant, et ces deux concepts sont synonymes.

La maison I est la seule maison du thème qui soit exclusivement dédiée à votre personne. C'est la maison du corps, du soi, de l'apparence et de l'identité ; ainsi, toute planète se trouvant en maison I va s'intégrer à votre personnalité de façon intime et évidente.

En général, les planètes situées en maison I sont particulièrement puissantes et ont une incidence majeure sur votre façon de vous exprimer. Nous n'avons pas tous de planètes en maison I. Si votre maison I n'abrite aucune planète, n'ayez crainte. Il n'y a rien de rare, ni d'inhabituel à ce que certaines maisons soient sans planètes. D'ailleurs, il est impossible d'avoir des planètes dans toutes les maisons. Si vous avez des planètes en maison I, rappelez-vous qu'elles ont un impact considérable sur votre identité, votre apparence, vos manières et votre expérience physique.

Par exemple, si vous avez pour ascendant un Sagittaire joyeux, animé par la foi et optimiste, mais aussi un Saturne sévère et majestueux en Sagittaire en maison I, cela modifie la façon dont vous allez exprimer cet ascendant Sagittaire. Ne s'exposant plus désormais au monde dans son état brut et extrême, votre ascendant Sagittaire doit maintenant passer par le filtre de Saturne, en quelque sorte. Avec cette combinaison, vous souhaiterez toujours être connu comme quelqu'un qui est inspiré et tourné vers l'action (Sagittaire), mais aussi comme quelqu'un de discipliné, de responsable et d'autonome (Saturne). Saturne en maison I est réservé. L'ascendant Sagittaire est tout sauf cela. De ce fait, Saturne en Sagittaire en maison I doit trouver un moyen d'inspirer les autres et de démontrer sa faculté d'agir à l'intuition tout en illustrant sa grande autodiscipline.

Toutes les planètes situées en maison I se disputent la maîtrise de votre expression personnelle. S'il y en a plusieurs, il se peut que vous deviez jongler avec de nombreux paradoxes au sein de votre personnalité.

En général, toute planète en maison I joue un rôle actif dans votre vécu. Plus elle se situe à un degré proche de l'ascendant (surtout à moins de 3 degrés), plus la planète en question se manifestera dans votre vie.

Les thèmes astraux, à l'image des humains et des situations qu'ils représentent, sont des paradoxes. Vous pouvez par exemple être ascendant Balance avec Mars en Balance en maison I. Comment conserver la paix et amorcer des relations (ascendant Balance) tout en étant un guerrier autonome (Mars en maison I) ?

C'est tout le problème de l'existence humaine.

Maya Angelou avait Neptune en maison I. Neptune est la planète de la transcendance, de l'évasion, de l'idéalisme et du fantasme. Neptune en maison I peut donner à l'individu une dimension assez fantasmagorique. Toute planète située en maison I prend une place prépondérante dans la vie de la personne, cherchant à s'exprimer à travers le vecteur du soi (maison I). Dans ce cas précis, Neptune a influencé la façon dont s'exprimait l'ascendant Lion de Maya Angelou en insufflant une qualité éthérée à sa personne.

Du fait que Neptune érode les limites qui entravent les liens, nous pouvons voir comment cette planète a contribué à donner un tel écho à l'œuvre et à la personnalité de Maya Angelou. Ses romans autobiographiques sont poignants, intemporels et empreints de profondeur et de sens, mais ils ont souvent été critiqués pour leur manque d'exactitude chronologique. En effet, les personnes ayant Neptune en maison I peuvent être davantage soucieuses de l'impression, du ressenti et de la vision qu'elles laissent que de la précision des dates, des heures et des détails.

Le moment est venu de choisir votre propre aventure. Si vous avez des planètes en maison I, passez directement aux sections sur ces planètes. Si vous n'avez pas de planètes en maison I, passez à la section suivante pour vous informer sur la planète qui régit votre ascendant.

QUI INFLUENCE LA MOTIVATION DE VOTRE EXISTENCE ?

Avez-vous des planètes dans le même signe que votre ascendant ?

SOLEIL EN MAISON I

☉

Le Soleil en maison I prodigue à votre personnalité une vitalité exceptionnelle et une aptitude à rayonner. C'est en étant vous-même et en maîtrisant l'expression de soi que vous devez incarner le but de votre vie. La position du Soleil à cet endroit signifie que vous êtes né vers l'aube, que vous avez le même signe solaire que votre ascendant et que vous portez l'énergie de l'aurore dans votre personnalité.

Questions de réflexion

- Vous sentez-vous particulièrement motivé à l'expression de soi ? Comment cela se manifeste-t-il dans votre vie ? Comment aimeriez-vous que cela se manifeste ?
- Vous dit-on souvent que vous avez une forte personnalité ? Qu'est-ce que cela vous fait ?
- Êtes-vous très énergique ou physiquement fort ? Qu'est-ce que cela vous aide à accomplir ?

LUNE EN MAISON I

La Lune en maison I vous donne une sensibilité accrue à la vie, une aptitude au changement et une potentielle propension aux sautes d'humeur. La Lune est synonyme de perpétuelle évolution. La Lune étant une surface réfléchissante, vous pouvez avoir une capacité à être un miroir pour les autres – qualité le plus souvent irrésistible. Tout le monde aspire à être réfléchi, vu et reconnu. Votre Lune en maison I vous aide à vous lier aux autres en les renvoyant à eux-mêmes.

Questions de réflexion

- Avez-vous tendance à être émotionnellement réceptif, attentionné, sensible et changeant ? Qu'est-ce que ces qualités vous aident à faire dans la vie ? Qu'est-ce qu'elles compliquent parfois ?

- Constatez-vous que vos humeurs ont un impact important sur votre énergie physique ? Qu'est-ce qui vous aide à traverser les sentiments difficiles ?

- Votre silhouette ou votre style ont-ils tendance à beaucoup fluctuer ? Êtes-vous en mesure d'apprécier ces changements tout comme vous pouvez apprécier les différentes phases de la Lune ?

MERCURE EN MAISON I

☿

À cet endroit, la planète Mercure est non seulement bien placée – comme toute planète en maison I –, mais elle est d'autant plus favorisée qu'il s'agit du lieu de sa joie. Avec Mercure en maison I, la communication et les échanges avec les autres prennent une place prépondérante dans votre identité.

Questions de réflexion

- L'écriture, la communication, l'apprentissage ou les arts de la magie représentent-ils une part importante de votre identité ou de votre réputation ? Auxquelles de ces activités êtes-vous particulièrement disposé ? Quand avez-vous pris conscience de ce don ?

- Avez-vous tendance à consommer beaucoup d'informations, à être une forte tête ou à savoir communiquer avec beaucoup de clarté ? Que faites-vous de ce talent ?

- Avez-vous un style changeant ? Vous arrive-t-il souvent que l'on ne vous reconnaisse pas d'un jour à l'autre ? À quoi votre flexibilité vous ouvre-t-elle l'accès ?

VÉNUS EN MAISON I

♀

Vénus en maison I crée une personnalité agréable qui attire l'objet de ses désirs et de ses besoins par la courtoisie, la beauté et la créativité. Vénus a pour mission principale de s'unir aux autres de façon plaisante et harmonieuse ; aussi, cette dimension s'intègre à votre personnalité et à ses priorités. Vénus en maison I est une bénédiction ; son seul désagrément potentiel est l'incapacité de demander ce dont vous avez besoin par peur de contrarier les autres.

Questions de réflexion

- Êtes-vous motivé à créer du lien, de la beauté et de l'amour ? Comment vous y prenez-vous ?
- Êtes-vous réputé être quelqu'un d'accessible ? Qu'est-ce que cela vous apporte ? Quand cela a-t-il tendance à vous submerger ? Avez-vous du mal à dire non ?
- Avez-vous tendance à être apprécié sans que vous ne fassiez grand-chose ? Attirez-vous souvent l'attention, que vous la recherchiez ou non ? À quoi cela fait-il obstacle dans votre vie ? En quoi cela vous aide-t-il ?

MARS EN MAISON I

♂

Avec Mars en maison I, vous vous distinguerez par votre besoin de vous battre, avec ou sans motif. Cette position est un peu plus facile pour ceux dont le courage, l'ambition et la capacité d'action sont favorisés. Les attributs positifs de Mars ont la possibilité de s'épanouir chez les personnes qui ont été félicitées pour leur indépendance. Avec Mars en maison I, le courage règne en maître. Mars est le guerrier, et un guerrier respecté se comporte différemment d'un guerrier incompris ou, pire, condamné pour sa combativité. Face à une difficulté (par exemple, s'il est placé dans un signe difficile ou en aspect difficile à Saturne), Mars est plus enclin à trouver le conflit que son règlement, transformant votre vie en un enseignement sur la résolution des conflits. Mars en maison I peut aussi dénoter une certaine inflammation dans le corps, qui nécessite d'être tempérée, rafraîchie et calmée.

Questions de réflexion

- Êtes-vous réputé pour votre tendance à prendre des risques ? Qu'est-ce que cette image représente pour vous ? Quelle saveur a la vie quand il n'y a aucun risque approprié à prendre ?

- Votre motivation s'accroît-elle à mesure que vous agissez ? Qu'est-ce qui vous motive généralement à passer à l'action ?

- Êtes-vous attiré par la mise en œuvre d'actions courageuses aux yeux des autres ? Vous arrive-t-il de ce fait de vous voir qualifié de conflictuel ou de polémique ? Que faites-vous de ces remarques ?

JUPITER EN MAISON I

♃

Jupiter en maison I amplifie votre impact sur le monde. Jupiter est une planète gigantesque. Elle ne passe pas inaperçue et, en maison I, elle vous transmet cette qualité. C'est une planète qui accroît tout ce qu'elle touche. En maison I, elle peut vous prodiguer un entrain ou un appétit de vivre irrépressibles, attributs qui peuvent vous faire connaître pour votre importance physique, votre rire grandiloquent, votre esprit de générosité, votre spiritualité et une abondance ou une opulence qui vous précèdent. Jupiter peut avoir une tendance à l'excès et, en maison I, créer le désir d'obtenir de grandes quantités de tout ce qui vous intéresse.

Questions de réflexion

- Êtes-vous connu pour votre générosité ? Que pensez-vous que cela vous apporte, vous enseigne ou vous ouvre ?

- Avez-vous tendance à apporter beaucoup de bienveillance et à provoquer vous-même votre chance en toutes circonstances ? D'où tenez-vous cela ? Qu'apprenez-vous de cette manière d'être ?

- Êtes-vous réputé avoir un don ou un intérêt pour la guérison, la médecine ou les sagesses ancestrales ? Que faites-vous de ces talents ?

- Êtes-vous mû par la volonté de manifester l'abondance dans le monde ? Quel type d'abondance ? Qu'est-ce qui vous permet le plus de ressentir l'abondance ?

SATURNE EN MAISON I

♄

Saturne en maison I est une position délicate, car elle vous demande d'incarner la planète des limites, de la discipline et du rejet. Saturne peut sans doute vous apporter du professionnalisme, de la maturité et un désir de vous développer pour gagner en substance, mais aussi vous pousser à rejeter les sources de joie et d'abondance. Du fait que la maison I représente l'être physique, la position de Saturne à cet endroit peut vous ralentir, restreindre vos mouvements et créer une rigidité dans le corps. Vous pouvez porter les responsabilités comme un fardeau plutôt que de les voir comme une étape dans votre développement personnel (au moins au début). Saturne en maison I peut donner à votre personnalité ou à votre apparence un style ou un caractère sévère, sérieux, distant et froid. Ici, Saturne veut vous aider à apprendre la maîtrise de soi, et à honorer l'âge et la sagesse qui l'accompagne.

Questions de réflexion

- Avez-vous tendance à éprouver de la crispation dans le corps ou de la tension dans les muscles ? Qu'est-ce qui vous aide à vous assouplir ?

- Dites-vous souvent non ? Avez-vous l'impression que vous croulez sous les responsabilités ou que vous devez poser des limites aux autres ? En quoi cela devient-il éprouvant ou pesant pour votre organisme ?

- Êtes vous motivé à devenir maître dans ce que vous faites ? Comment cela se manifeste-t-il ? Est-ce que vous travaillez dur pour développer votre autorité ? Quels obstacles rencontrez-vous dans ces efforts ?

Les planètes modernes

Rappelez-vous qu'Uranus, Neptune et Pluton ne régissent aucun signe dans l'astrologie traditionnelle, et ne sont donc jamais en « bonne » ou en « mauvaise » position dans les signes où elles se trouvent. Ces planètes ont une dimension extrême, mais elles sont moins pertinentes sur le plan personnel. Elles se déplacent si lentement que des générations de personnes ayant le même ascendant ont ces planètes externes en maison I.

URANUS EN MAISON I

♅

Uranus en maison I crée un tempérament hors norme, dans la rupture, l'excentricité et l'effervescence. Uranus est une influence exaltante, car on ne sait jamais quel est le prochain changement qu'elle va opérer. Vous devrez trouver des façons de diriger votre énergie de sorte à révolutionner efficacement ce qui est obsolète et en mal d'innovation.

Questions de réflexion

- Êtes-vous motivé à révolutionner les systèmes qui vous semblent illogiques ? Quel en est généralement le résultat ?
- Êtes-vous ou avez-vous été (ou perçu comme) un rebelle sans cause ? Comment cela a-t-il affecté votre image de vous ?
- Êtes-vous capable de changer le cours de votre vie, de prendre de gros risques ou de vous réinventer du jour au lendemain ? Décrivez certaines des occasions où vous l'avez fait. Quels espaces ces changements ont-ils permis d'ouvrir ?
- Les autres trouvent-ils cet aspect de vous exaltant, stimulant ou troublant (surtout s'ils aiment la constance et le respect des normes sociales) ? Comment gérez-vous généralement ce genre de remarques ?

NEPTUNE EN MAISON I

♆

Neptune en maison I vous prête la capacité de vous lier à de nombreuses personnes. Cette planète rend les limites poreuses et peut éroder les vôtres. Elle peut insuffler à votre personnalité une imagination incroyable et une propension au caméléonisme qui vous permet d'être beaucoup de choses pour beaucoup de gens. Avec Neptune à cet endroit, vous pouvez aisément vous perdre dans les fantasmes que les autres ont de vous. Souvent submergé par les besoins et les émotions des autres, Neptune en maison I peut vous contraindre à apprendre à faire respecter vos limites personnelles. Neptune peut vous prêter une nature glamour et transcendante, ce qui peut accroître la fascination que vous exercez sur les autres.

Questions de réflexion

- Êtes-vous connu pour votre compassion, pour votre perception innée de ce que les autres traversent et pour votre disposition à fusionner ou à vous entendre avec tous ceux que vous rencontrez ? En quoi ces attributs vous aident-ils ? En quoi sont-ils sources de difficultés ?

- Votre faculté d'adaptation crée-t-elle parfois une difficulté à savoir ce que vous voulez ou a-t-elle pu à certains moments de votre vie créer une difficulté à savoir qui vous êtes ? Décrivez quelques exemples.

- La créativité, la spiritualité et le don de soi vous aident-ils à vous ancrer et à vous centrer ? Dans quels aspects de votre vie pratiquez-vous ces activités de sorte à vous ressourcer ?

PLUTON EN MAISON I

Pluton en maison I vous prête une profondeur et une intensité personnelle. Pluton peut créer un tempérament obsessionnel qu'il est utile de rediriger vers l'étude approfondie, la recherche et l'usage de son pouvoir personnel pour le bien. Pluton aspire à plonger dans les profondeurs de la vie et, avec cette planète en maison I, vous pouvez être en quête d'activités porteuses de nombreuses expériences transformatrices.

Questions de réflexion

- Êtes-vous réputé être quelqu'un qui se réinvente constamment ? Qu'est-ce qui amorce ces transformations ?

- Êtes-vous réputé être une personne puissante ? Comment canalisez-vous votre pouvoir au service de changements positifs dans le monde ?

- Êtes-vous quelqu'un auprès de qui les autres ont des expériences puissantes, cathartiques et potentiellement curatives ? Avez-vous parfois l'impression que les gens restent à vos côtés tant qu'ils ont besoin de guérison, avant de passer à autre chose ? Avez-vous parfois l'impression que les autres se reposent sur votre force au lieu de développer la leur ? Qu'est-ce que ces expériences vous ont enseigné sur la préservation de vous-même ?

- Avez-vous tendance à attirer des personnes influentes ? Cela vous a-t-il permis de vivre de nombreuses expériences extrêmes ? Décrivez-en quelques-unes.

LA PLANÈTE QUI RÉGIT VOTRE ASCENDANT
QUI PILOTE LE NAVIRE DE VOTRE VIE ?

Quelle planète régit votre ascendant ?

Si nous voulons savoir quel genre de chemin nous devons parcourir pour avoir l'impression d'incarner le but de notre vie, nous devons savoir quelle est la planète qui régit notre ascendant. La planète qui régit le signe de votre ascendant est la planète qui guide votre vie dans une direction ou une autre.

Chaque planète est dotée d'une mission spécifique : le Soleil exprime le soi, la Lune réfléchit et exprime les émotions, Mercure communique, Vénus crée la beauté et construit des relations, Mars défend et protège, Jupiter produit l'expansion par l'optimisme, et Saturne bâtit des structures et érige des limites.

Si nous voulons connaître la nature, l'énergie et le cœur du moteur de notre vie, la planète qui régit notre ascendant pourra nous renseigner. Si nous voulons connaître les défis et les présents situés le long de notre chemin, cette planète nous indiquera ce que nous ne pouvons ignorer.

Certains d'entre nous ont un maître de l'ascendant – un pilote – efficace, compétent et à même de faire avancer notre vie (quand la planète en question se trouve dans un signe qui lui est favorable, à savoir son domicile ou son exaltation). Certains d'entre nous ont un pilote un peu plus en difficulté, qui nous mène dans des directions constituant soit des déviations soit des écarts importants (quand la planète en question se trouve dans un signe qui lui est inconfortable, à savoir son détriment ou sa chute). Enfin, certains d'entre nous ont un pilote placé dans un signe plutôt neutre (tout signe qui n'est ni son domicile, ni son détriment, ni son exaltation, ni sa chute), qui fonctionne selon la nature de ce signe.

Dans ce chapitre, vous trouverez des informations détaillées sur le comportement de chaque planète quand elle est en domicile, en exil, en exaltation et en chute. Il est important de connaître les tendances du maître de votre ascendant. Lui arrive-t-il de sortir de piste ? Est-il particulièrement puissant, voire extrémiste ? Va-t-il vous apporter la notoriété dans son domaine de prédilection ? Ou alors va-t-il se contenter de fonctionner dans le style du signe qu'il occupe, sans grande complication ? Le guide qui suit est assez exhaustif ; aussi, vous pouvez l'appliquer à toute autre planète de votre thème. Par exemple, si vous avez Vénus en Poissons, signe de son exaltation, mais qu'elle n'est pas le maître de votre ascendant, vous pouvez malgré tout vous référer aux informations fournies ici.

Maya Angelou et Frida Kahlo ont toutes deux leur ascendant en Lion, signe régi par le Soleil. Quand le Soleil (ou la Lune) est également le maître de l'ascendant, cela donne au Luminaire en question une portée considérable. Comme nous l'avons appris, le Soleil et la Lune ont une importance à ne pas sous-estimer et, quand l'un d'eux est aussi le maître de l'ascendant, il a une fonction double. Sachant que Maya Angelou et Frida Kahlo avaient pour maître de leur ascendant le Soleil, nous en déduisons que leur façon de briller (le signe occupé par le Soleil au moment de leur naissance) était non seulement importante quant à l'incarnation du but de leur vie (le Soleil), mais également liée à la direction de leur existence (le maître de leur ascendant). Avec un maître de l'ascendant, le Soleil, en Bélier (audacieux), le signe de son exaltation, Maya Angelou a reçu un pilote capable d'accomplir sa mission, lui accordant même la célébrité et la reconnaissance. Frida Kahlo, quant à elle, avait son Soleil dans un signe neutre, le Cancer ; ainsi, il a dirigé sa vie avec émotion, attention et sensibilité. Le Soleil n'étant ni renforcé ni entravé en Cancer, nous devons nous tourner vers d'autres facteurs pour déterminer l'aisance avec laquelle elle a pu ou non incarner le but de sa vie, à savoir : la maison occupée par le maître de son ascendant et les aspects que celui-ci forme avec d'autres planètes.

Le moment est venu de choisir votre propre aventure. Passez directement à la planète qui régit votre signe ascendant.

SOLEIL MAÎTRE (ASCENDANT LION)

Si votre ascendant se trouve en Lion, il est régi par le Soleil. Cela vous donne deux astres sur lesquels vous concentrer (le Soleil et la Lune) au lieu de trois (le Soleil, la Lune et un maître de l'ascendant distinct).

Quand le Soleil est le maître de l'ascendant, la vie de l'individu est dirigée vers le développement de l'identité personnelle, et la maison occupée par le Soleil ainsi que le domaine qu'il vient illuminer prennent une importance supplémentaire. Avec le Soleil comme maître de votre ascendant, votre façon de vous exprimer, de démontrer votre courage et de manifester votre confiance en vous revêt un rôle central dans votre histoire et dans votre capacité à incarner le but de votre vie. Le signe dans lequel est placé votre Soleil révèle votre style d'action. Pour obtenir plus d'informations sur le signe de votre Soleil, veuillez relire la description de votre signe solaire.

Questions de réflexion

- Avec le Soleil comme maître de votre ascendant, qu'arrive-t-il à votre énergie quand vous consacrez du temps et des ressources au développement de votre identité personnelle ?

- En quoi votre développement personnel affecte-t-il positivement ou a-t-il un lien intime avec le but de votre vie ?

- Dans quels aspects de votre vie souhaitez-vous le plus pouvoir briller ?

- Qu'êtes-vous plus apte à servir quand vous vous sentez reconnu, vu ou félicité ?

LUNE MAÎTRE (ASCENDANT CANCER)

Si votre ascendant se trouve en Cancer, il est régi par la Lune. En un sens, cela vous facilite la tâche, car vous n'avez à vous concentrer que sur deux astres (le Soleil et la Lune) au lieu de trois (le Soleil, la Lune et un maître de l'ascendant distinct).

Avec la Lune comme maître de votre ascendant, votre vie est dirigée par votre capacité à réfléchir, à exprimer vos émotions, à prendre soin des autres, à forger des liens et à découvrir les moyens d'incarner le pouvoir du but de votre vie dans tout ce que vous faites. Avec cette configuration, la Lune réfléchit l'éclat de votre vocation d'âme (le Soleil), et ce, à travers des petits rituels, activités et accomplissements quotidiens. C'est en trouvant votre manière de manifester votre potentiel dans ce monde, pas à pas, que vous honorez la puissance, l'impact et le pouvoir de la direction de votre vie.

En tant que maître de votre ascendant, la Lune dirige votre vie vers les relations, les liens de type familial, les rituels quotidiens et spirituels, et les pratiques qui vous aident à régénérer votre énergie. Le signe dans lequel est placée votre Lune révèle le style spécifique avec lequel s'incarne le but de votre vie. Pour obtenir plus d'informations sur le signe de votre Lune, veuillez relire la description de votre signe lunaire.

Questions de réflexion

- Dans quels aspects de votre vie la réflexion émotionnelle fait-elle partie intégrante de votre réussite ?

- Quel reflet les gens vous demandent-ils généralement de leur renvoyer ?

- Comment vous sentez-vous quand vous parvenez à aider les autres ?

- En quoi votre réussite est-elle liée à votre capacité à travailler sur vos propres émotions ? En quoi votre réussite est-elle liée à votre aptitude à aider les autres à observer et à gérer leurs émotions ? Comment parvenez-vous à vous aider vous-même et à aider les autres à se relier au corps ?

MERCURE MAÎTRE (ASCENDANT GÉMEAUX, ASCENDANT VIERGE)

☿

Si votre ascendant est régi par Mercure, votre vie est dirigée par votre capacité à communiquer, à apprendre, à diffuser, à promouvoir et à délivrer les informations qui vous sont le plus importantes. Le signe dans lequel se trouve Mercure indique le style particulier avec lequel vous vous livrez à ces activités.

Pour honorer Mercure, vous devrez vous assurer d'avoir autant de choses intéressantes à apprendre que vous en avez à enseigner. Mercure est une planète associée à la dualité ; honorez cette qualité en veillant à toujours assimiler et distribuer les informations que vous recevez.

Le signe occupé par Mercure dans votre thème vous indique le style spécifique avec lequel avancer vers le but principal de votre vie. Rappelez-vous que toutes les planètes n'ont pas la même clarté, la même force, ni les mêmes capacités selon le signe dans lequel elles se trouvent. Ainsi, il est important de savoir dans quelle mesure la planète qui pilote le navire de votre vie est à même de bien remplir sa fonction.

Ci-dessous figurent les explications de Mercure à travers les signes. Veuillez lire la description de votre Mercure et répondre aux questions qui éveillent un écho en vous.

À la maison et à son aise : ***Mercure en Gémeaux ou en Vierge***

Si le maître de votre ascendant est Mercure et que celui-ci se trouve en Gémeaux ou en Vierge, il pourra diriger votre vie avec davantage d'aisance, étant chez lui (en domicile) dans ces deux signes. La monnaie d'échange de Mercure est le savoir. En Gémeaux et en Vierge, Mercure dispose d'une force incroyable et tend à avoir des facultés et poursuites intellectuelles extraordinaires. Si cet attribut est plutôt positif, il ne vous facilite pas la vie en tant que tel. Il contribue toutefois à rendre votre talent plus manifeste.

MERCURE EN GÉMEAUX

En Gémeaux, son domicile d'air, Mercure s'emploie à trouver les meilleurs moyens de recueillir, d'interpréter et de distribuer les connaissances. Il communique les données dont il dispose et offre ainsi un flux d'informations non filtrées. Il est plus important pour lui de transmettre le message très rapidement que de faire le tri dans ce qu'il délivre. Mercure en Gémeaux est bavard. Capable de donner et de recevoir des informations sans s'encombrer de leur impact émotionnel. Il est simplement ici pour rassembler et disséminer.

MERCURE EN VIERGE

En Vierge, son domicile de terre, Mercure analyse, classe et intègre les informations. Ici, Mercure est à la fois en position de domicile et d'exaltation (c'est la seule planète qui ait son domicile et son exaltation dans le même signe). Obsédé par l'organisation et l'exploitation des informations dont il dispose, Mercure en tant que maître de la Vierge tient davantage à rectifier les informations qu'il recueille plutôt que d'en amasser toujours plus (comme en Gémeaux). Mercure en Vierge est réfléchi dans son approche. Attentif. Critique. Précis. Analytique à l'extrême. Il se soucie de la digestion, de l'assimilation et de l'intégration des connaissances. Il se préoccupe de l'exactitude du positionnement et du classement de ce qu'il rassemble. C'est la précision personnifiée.

Magie et chaos : **Mercure en Sagittaire ou en Poissons**

Mercure rencontre des difficultés en Sagittaire (son détriment) et en Poissons (sa chute), car ces deux signes se préoccupent davantage du tableau d'ensemble que des coups de pinceaux individuels qui servent à le peindre. Si Mercure est le maître de votre ascendant et qu'il se trouve en Sagittaire ou en Poissons, ne désespérez pas ! Sachez toutefois que vous pouvez parfois vous égarer sur votre chemin. Rappelez-vous que les défis posés par votre thème sont les parts de vous-même qui requièrent le plus d'attention et de travail. Si vous vous employez à les développer, vous recueillerez certainement les compétences qui vous permettront de réaliser des avancées incroyables.

MERCURE EN SAGITTAIRE

Mercure en Sagittaire est en exil, ce qui signifie qu'il doit fonctionner dans un style qui lui est étranger. Si le Sagittaire recherche la vérité ultime, il peut néanmoins passer à côté d'une grande partie des détails, faits et connaissances de base dont il a besoin. Mercure en Sagittaire adore partir à l'aventure dans des contrées lointaines, mais a-t-il le temps, l'énergie et les ressources nécessaires pour mener à bien sa tâche ? En cours de route, Mercure découvre toutes sortes d'idées intéressantes, mais il peut souvent se submerger tout seul par le volume d'informations qu'il acquiert. Le Sagittaire fait toujours les choses en grand. Livré à lui-même, Mercure en Sagittaire est capable de débiter des faits du matin au soir. Il peut vous emmener dans de grandes aventures informatives. Il va plus loin que nécessaire, se retrouvant souvent à l'autre bout du monde alors qu'il lui suffisait d'aller au bout de la rue. Si vous êtes ascendant Gémeaux ou Vierge et que votre Mercure est en Sagittaire, il sera important pour vous d'apprendre à garder le cap afin d'achever les tâches en cours sans gaspiller trop de ressources.

MERCURE EN POISSONS

Mercure en Poissons est en chute, ce qui signifie qu'il est difficile pour lui d'être connu, apprécié ou estimé pour la mission qu'il est censé remplir. Les planètes en chute sont comme des personnes tombées en discrédit. Mercure en Poissons ne se distinguera pas nécessairement par sa clarté. Les Poissons ont des tendances poétiques. Non linéaires. Non binaires. Impressionnistes. Sentimentales. Éthérées. À cet endroit, Mercure peut avoir du mal à recueillir les faits, car ceux-ci ne retiennent pas forcément son intérêt. Les choses ne doivent pas nécessairement être vraies pour être justes. Les Poissons vivent dans leur propre réalité, créant des mondes à l'intérieur des mondes. Ici, Mercure peut peiner à rester concentré, mais il retire toujours quelque chose d'intéressant avec lequel partir à la nage. Si votre ascendant est régi par Mercure en Poissons, vous devrez trouver les moyens de canaliser votre créativité et de rassembler votre énergie pour la mettre au service de votre but. Les Poissons veulent aller partout en même temps et, pour la planète qui dirige votre vie, cela peut se traduire par une difficulté à concentrer votre énergie et votre attention sur une seule chose. Vous pouvez avoir besoin de poursuivre plusieurs directions simultanées, mais vous devrez veiller à ne pas disperser toute votre énergie dans des distractions.

Mercure dans tous les autres signes

Mercure en Bélier (audacieux et explicite), en Taureau (lent et régulier), en Cancer (sensible et intuitif), en Lion (spectaculaire et lumineux), en Balance (juste et équitable), en Scorpion (profond et pénétrant psychologiquement), en Capricorne (pragmatique et stratégique) et en Verseau (logique et exhaustif) est plutôt neutre. Mercure n'est pas particulièrement faible ou fort dans ces signes. Naturellement, il transmet et reçoit les informations, et il le fait d'après le style du signe en question. Par exemple, si le maître de votre ascendant est Mercure en Bélier, il va diriger votre vie dans un style indépendant et vous donner de l'audace dans votre expression.

Questions de réflexion

- Dans les moments où vous vous sentez le plus vivant, encouragé ou en phase avec le sens de votre vie, qu'êtes-vous en train de communiquer ?

- Qu'est-ce que l'enseignement, l'écriture ou la diffusion d'informations vous ont ouvert du point de vue de la direction de votre vie ?

- Qu'avez-vous envie d'apprendre ? Vous donnez-vous la permission de le faire ? Prenez-vous votre besoin d'apprentissage au sérieux ?

- Qu'êtes-vous habile à vendre ? Qu'est-ce que cela vous aide à accomplir ?

- Votre Mercure se trouve-t-il dans un signe puissant, difficile ou neutre ? Qu'est-ce que le style du signe de votre Mercure vient indiquer sur la manière dont vous suivez la direction de votre vie ?

VÉNUS MAÎTRE (ASCENDANT BALANCE, ASCENDANT TAUREAU)

♀ ⊘

Si votre ascendant est en Taureau ou en Balance, il est régi par Vénus. Avec Vénus comme maître de votre ascendant, votre vie est dirigée par la planète qui aspire à l'amour, à la beauté et au plaisir. Le tempérament de votre Soleil ou de votre Lune peut être contraire aux désirs de Vénus mais, si la planète de l'amour et du lien est à la manœuvre de votre vie, vous devrez trouver les moyens de la satisfaire.

Vous honorez Vénus quand vous recherchez le plaisir, la beauté et les liens. Le signe dans lequel est placée Vénus vous indiquera le style spécifique avec lequel vous vous employez à cette quête et manifestez votre pleine expression dans cette vie. Comme toute planète, Vénus se plaît particulièrement dans certains signes, est en difficulté dans d'autres et a un comportement plutôt neutre dans le reste des signes.

Ci-dessous figurent les explications de Vénus à travers les signes. Veuillez lire la description de votre Vénus et répondre aux questions qui éveillent un écho en vous.

Plaisir et prospérité : ***Vénus en Taureau ou en Balance***

Vénus en Taureau ou en Balance a tout le pouvoir de ses atouts à sa disposition. En domicile en Taureau et en Balance, Vénus tend à vous prêter une facilité à vous lier aux autres comme moyen d'accomplir le but de votre vie. Une Vénus puissante est également à même de rassembler différents éléments pour créer une expérience harmonieuse, confortable et agréable. L'art, la beauté et la parure sont naturels chez Vénus dans ces signes.

VÉNUS EN TAUREAU

En Taureau, Vénus en tant que maître de l'ascendant tient à faire pousser des jardins d'abondance génératrice pour les amis, les amants, les collègues et le monde dans son ensemble. Vénus en Taureau captive ses amours au moyen de plaisirs sensuels irrésistibles. Avec le maître de votre ascendant placé dans l'un de ses propres signes, la direction de votre vie est claire et franche : construire à travers les relations, l'art, la beauté et le plaisir. Si le plaisir, la délectation et la beauté associés à Vénus ne font pas partie de la façon dont vous menez votre vie, vous n'y trouverez pas grande satisfaction. Comme toutes les planètes dans leur propre signe, Vénus en Taureau a une tendance à la démesure, car elle n'est entravée par rien. Vous pouvez vous complaire dans votre confort, quel qu'il soit, et aurez généralement du mal à passer à l'action.

VÉNUS EN BALANCE

En Balance, Vénus maîtrise l'art d'amorcer les relations. Avec cette position, vous menez votre vie en étant un séduisant papillon social capable de se lier aux plus mélancoliques d'entre toutes les âmes. Quand vous le souhaitez, vous savez donner à chacun la sensation d'être vu.

Les relations, l'art, la beauté, l'amour, le contact et l'expression de l'énergie créative et érotique peuvent prendre une place centrale dans votre monde (généralement inconsciemment) et avoir tendance à supplanter d'autres aspects de votre vie. Souvent, nous prenons nos points forts à la légère ou permettons aux autres de le faire. Du fait que Vénus en Balance est si sociable et tellement désireuse de plaire, elle peut, en tant que maître de votre ascendant, orienter votre vie uniquement vers la facilité.

Cadeau de la Déesse : **Vénus exaltée en Poissons**

En Poissons, Vénus est exaltée et magnétise toutes sortes de liens. C'est une position de force qui, en tant que maître de votre ascendant, offre à la direction de votre vie une certaine prospérité, de la chance ou une capacité à attirer ce dont vous avez besoin quand vous en avez besoin, généralement à travers les relations. Comme toutes les planètes exaltées, Vénus en Poissons recueille de la reconnaissance ou de la notoriété pour ses attributs vénusiens.

Vous pouvez rencontrer l'hystérie autour de vous. Les personnes atteintes de blessures profondes dans le domaine des relations font souvent de vous leur sauveur, l'objet de leur affection ou leur obsession. Vous pouvez éprouver le besoin de donner de ce que vous avez, si vous avez reçu ce don sans effort. Comme vous ne comprenez pas bien pourquoi vous avez cette faculté, vous pouvez avoir du mal à poser des limites dans vos relations. Mais une fois que vous le faites, vous pouvez utiliser ce pouvoir de guérison, de compassion et d'imagination créative à des fins innombrables.

Attraction intense : **Vénus en Bélier ou en Scorpion**

En Bélier comme en Scorpion, Vénus est en exil. Ici, Vénus est contrainte de diriger votre vie dans des conditions contraires à sa nature. Cela crée une tension naturelle qui lui demande davantage d'efforts. Tel un capitaine par gros temps, Vénus manœuvre la vie dans des circonstances périlleuses. Cela peut impliquer que vous rencontrerez quelques difficultés pour atteindre votre destination, mais en tout cas la traversée sera tout sauf ennuyeuse. Vous pouvez être quelqu'un qui défie les normes de genre et qui s'inscrit à contre-courant dans les sphères de vie associées à Vénus (qui correspondent à la fois à la maison qu'elle occupe et à celles qu'elle régit). Vénus en exil peut avoir du mal à construire et à entretenir les relations mais, ce qu'il faut surtout retenir, c'est que les planètes en exil ont tendance à devoir travailler plus dur que celles en domicile. Ainsi, les choses ne vous seront peut-être pas servies sur un plateau, mais les efforts que vous déploierez pour accomplir le but de votre vie finiront par vous ouvrir les bonnes portes.

VÉNUS EN BÉLIER

Comme Bélier est un signe qui adore l'action et qui a le sang chaud, Vénus en Bélier peut avoir tendance à consumer rapidement les relations, du moins au début de la vie. Vénus en Bélier aspire à trouver des débouchés romantiques ou créatifs qui piquent son intérêt. Avec le maître de votre ascendant à cet endroit, cette dimension peut s'intégrer aux thèmes associés à la direction et au but de votre vie. Tout comme le sujet de la différence, par rapport à ce que la société attend de vous. De style audacieux et courageux, cette position est animée d'un certain esprit de contradiction. Vous pourriez devoir accepter d'être celui qui défie le *statu quo*. Vous devrez concentrer cette énergie et la mettre au service de finalités positives. Le Bélier produit le conflit, tandis que Vénus recherche le plaisir. Le sexe requiert de la friction, comme de nombreux aspects importants de la créativité. Tant que vous ne réprimez pas votre énergie, votre colère ou votre désir, cette position peut faire de vous un meneur aux grandes visions mais, si vous reniez son pouvoir et votre besoin de bon stress, elle peut déchaîner ses tendances destructrices et vous pousser à bout.

VÉNUS EN SCORPION

Vénus en Scorpion est réputée pour son désir de liens intenses dont peu savent apprécier la profondeur. Si votre ascendant est régi par Vénus en Scorpion, la direction de votre vie peut impliquer de connaître des enchevêtrements affectifs de ce genre ou d'apprendre à canaliser le désir obsessionnel associé à cette position au service de projets et de partenariats créatifs. Cette position ne fait pas dans les mondanités et oriente votre vie vers des activités exploratrices, profondes, pénétrantes et transformatrices. Vénus en Scorpion peut aussi indiquer une expérience de votre genre contraire aux attentes du monde. Vous pouvez avoir une compréhension innée de la souffrance causée par la binarité de genre ou par la violence de genre, et cette dimension peut faire partie de votre travail et de votre activisme dans le monde. Quand l'ascendant est régi par une planète en position d'exil, on a souvent l'impression de devoir redoubler d'efforts pour pouvoir se développer, mais ceux-ci sont largement récompensés. Si vous avez Vénus en exil, observez ce que cela vous a contraint à développer en vous dans tout ce qui a trait à l'amour et au lien.

La demoiselle des détails : ***Vénus en Vierge***

En Vierge, Vénus se retrouve à un endroit où elle est privée de sa capacité à simplement savourer le plaisir sans raison. Quand l'ascendant est régi par une planète en position de chute, comme Vénus en Vierge, il faut parfois redoubler d'efforts pour arriver à destination. Ce que Vénus en Vierge aime par-dessus tout, c'est travailler très dur et très efficacement. Forte de son sens de la besogne, Vénus en Vierge, en tant que maître de votre ascendant, dirige votre vie vers des finalités exigeantes et minutieuses, mais vous pouvez ne pas vous sentir apprécié, vu ou remarqué pour vos efforts. Les planètes en chute peinent à se sentir à la hauteur, à remplir leur mission et à fonctionner de manière optimale. En Vierge, Vénus peut se placer en position d'infériorité. Se sentant méprisée et démoralisée, Vénus en Vierge fait la seule chose qu'elle sache faire : critiquer, analyser, séparer, cataloguer.

La purification est indispensable pour créer l'union, la beauté et l'alignement – et Vénus en Vierge excelle dans cet art. Pourtant, si vous tentez de purifier vos relations ou vos partenaires en critiquant leurs défauts et leurs attributs, vous finirez par vous isoler des liens et de la prospérité qui en découle. Votre Vénus peut vous pousser à travailler au lieu de jouer ; aussi, vous devrez trouver des choses à accomplir qui vous remplissent de joie. Vénus en Vierge sert les temples de son désir telle une prêtresse de premier ordre.

Vénus dans tous les autres signes

Vénus en Gémeaux (qui crée du lien à travers les interactions sociales), en Cancer (qui crée du lien à travers les attaches émotionnelles), en Lion (qui crée du lien à travers la passion), en Sagittaire (qui crée du lien à travers l'aventure), en Capricorne (qui crée du lien à travers les objectifs partagés) et en Verseau (qui crée du lien sur le plan intellectuel) est plutôt neutre. Naturellement, dans tous ces signes, Vénus construit des relations et crée la beauté, mais sa façon de le faire dépend du style du signe en question. Par exemple, Vénus en Sagittaire cherchera à créer des relations basées sur l'aventure, la quête de la vérité et l'exploration.

Questions de réflexion

- Êtes-vous connu pour votre faculté de mettre les gens à l'aise ? De quelles façons ? En quoi est-ce spécifiquement lié au signe de votre Vénus ?

- Est-ce que l'on vous aime bien, en général ? Même si vous êtes quelqu'un de controversé, trouvez-vous généralement des moyens de tisser des liens avec les autres ? En quoi est-ce lié au signe de votre Vénus ?

- Avez-vous tendance à vouloir plaire aux autres ou à oublier vos propres besoins ? Qu'est-ce qui vous aide à vous recentrer sur vous ?

- Observez votre vie et remarquez toutes les façons dont vous créez la beauté, naturellement, sans y penser. Quand vous parvenez à matérialiser l'esthétique parfaitement adaptée à votre humeur ou à vos besoins actuels, quel pouvoir en tirez-vous ?

- Comment les belles choses qui vous entourent affectent-elles votre humeur ?

- Comment pouvez-vous honorer Vénus dans votre quotidien ?

- Votre Vénus se trouve-t-elle dans un signe puissant, difficile ou neutre ? Qu'est-ce que le style du signe de votre Vénus vient indiquer sur la manière dont vous suivez la direction de votre vie ?

MARS MAÎTRE (ASCENDANT BÉLIER, ASCENDANT SCORPION)

♂

Avec Mars comme maître de votre ascendant, votre vie est guidée par un tempérament passionné, dynamique, parfois agressif et généralement courageux. Le Bélier et le Scorpion ont chacun leur propre façon d'incarner ces attributs, détaillée dans le chapitre sur votre ascendant. Dans tous les cas, si Mars est en charge de la direction de votre vie, vous démontrerez votre capacité à faire face aux circonstances difficiles avec beaucoup d'énergie et d'ardeur. Le signe dans lequel se trouve Mars vous indiquera le style spécifique avec lequel vous avancez vers les buts principaux de votre vie.

Ci-dessous figurent les explications de Mars à travers les signes. Veuillez lire la description de votre Mars et répondre aux questions qui éveillent un écho en vous.

Les voies du guerrier : ***Mars en Bélier ou en Scorpion***

Mars régit le Bélier et le Scorpion, ce qui signifie que Mars est en domicile dans ces deux signes. Cela leur donne un avantage. Si Mars fonctionne mieux dans l'un de ses propres signes, comment cela se manifeste-t-il au juste ? Est-il plus efficace dans ses entreprises de destruction ou mû par un désir de protection et de défense ? Les deux sont possibles. Quand le maître de notre ascendant est une planète encline à l'irritation, nous pouvons devoir apprendre à utiliser notre pouvoir et notre énergie pour empêcher les dommages plutôt que de les provoquer inconsciemment (ou consciemment). Bien que Mars fonctionne de façon similaire dans ses deux domiciles, on peut aussi relever quelques différences de taille.

MARS EN BÉLIER

En tant que maître du Bélier, Mars est audacieux et fulgurant. Capable de transpercer l'épais brouillard de peur qui immobilise la plupart d'entre nous, Mars en Bélier est le guerrier en action. Sur le terrain et engagé dans le combat. Fonçant sur sa cible. Sur la brèche. Le Bélier est un signe de feu et, ici, Mars a tendance à agir d'abord et à oublier de poser les questions ensuite. Pulvérisant les défis petits et grands, Mars en Bélier ne laisse aucun doute sur sa mission. Avec Mars en Bélier comme maître de votre ascendant, vous accomplissez toujours ce que vous entreprenez, même si votre approche est parfois extrémiste. Si vous savez ce pour quoi vous vous battez, ce que vous protégez et ce que vous cherchez à servir, vous pourrez aller loin dans tous vos objectifs. Il s'agit d'une empreinte astrologique formidablement puissante ; à vous d'apprendre à l'exploiter au mieux.

MARS EN SCORPION

En Scorpion, Mars livre surtout bataille en secret. En tant que maître de votre ascendant, Mars en Scorpion vous prête de grands pouvoirs stratégiques. La spécialité de Mars en Scorpion, c'est la guerre psychologique de longue durée. Mais l'usage que vous en ferez ne dépend que de vous. Si vous mordez, vous avez intérêt à être prêt à recevoir une morsure en retour. Cette combinaison présente une résilience inimaginable et, en tant que pilote de votre vie, elle pourrait vous en faire bénéficier. Avec Mars comme maître de votre ascendant, vous aurez la patience, la persévérance et la capacité de faire face aux situations les plus difficiles. Vous pourriez même être attiré par elles. Les personnes de votre entourage peuvent constamment commenter votre faculté de faire et de dire les choses les plus délicates. En réalité, il n'y a rien de plus naturel pour vous, qui portez la capacité de pénétrer les aspects les plus denses, les plus bizarres et les plus horribles de l'humanité. Mars en Scorpion comme maître de l'ascendant veut savoir ce que c'est que de vivre à la marge et peut donc vouloir travailler avec des gens qui sont dans cette situation.

Guerrier de l'émerveillement : **Mars en Capricorne**

Mars est exalté en Capricorne. Ici, comme toutes les planètes exaltées, Mars vous procure une certaine notoriété pour les talents qu'il vous transmet. Réputé pour votre faculté d'accomplir des tâches difficiles, vous êtes encouragé à vous dépasser en permanence. C'est une position très forte qui indique une vie orientée vers la réussite. Quant à savoir si cette réussite fera votre bonheur, tout dépendra de votre aptitude à vous diriger vers ce qui est plein d'âme et d'épanouissement affectif. Travailleur comme aucun autre, Mars en Capricorne vous mène à conquérir votre liste de tâches tout en grimpant jusqu'au sommet de votre montagne du moment. Dire que la direction de votre vie est ambitieuse est un euphémisme.

Cette position vous aide à être un meneur à certains égards, bien que le Capricorne soit réputé être un loup solitaire. Avec cette configuration, vous pourriez être plus que ravi de faire cavalier seul, maître de vous-même.

Guerriers blessés : ***Mars en Taureau ou en Balance***

L'aptitude au combat absolu de Mars est entravée quand le guerrier se retrouve en Taureau ou en Balance, signes de son exil. Ici, Mars peut se mettre en colère pour des raisons tout à fait légitimes, mais il éprouvera généralement de la difficulté à s'expliquer ou à trouver un moyen raisonnable de remédier à la situation.

Mars en exil se défend et se protège différemment. Comme toutes les planètes en exil, il opère dans des conditions contraires à sa nature. Quand l'ascendant est régi par une planète en exil, la vie peut parfois ressembler à une *pool party* à laquelle vous êtes allé alors que vous ne savez pas nager et que vous détestez être au soleil. Si cela ne tenait qu'à vous, vous auriez choisi autre chose, mais, voilà, vous y êtes. Vous faites de votre mieux, même si c'est inconfortable. Vous compensez. Vous faites des efforts. Vous recevez une leçon que vous n'auriez pas forcément choisie.

Ici, Mars est moins à même d'agir en toute certitude. Mars en exil a tendance à beaucoup se remettre en question mais, une fois qu'il arrive à une conclusion, il est en mesure de se l'approprier complètement tant il aura fourni d'efforts pour l'atteindre.

MARS EN TAUREAU

En Taureau, Mars peut avoir tendance à se défendre par l'inaction. Certains peuvent le qualifier de paresseux, mais le taureau est une créature que l'on ne saurait brusquer. Ce n'est pas que Mars dans ce signe ne soit pas capable de s'énerver ou d'agir, c'est juste qu'il met du temps à se mettre en mouvement.

Si Mars régit votre ascendant et qu'il se trouve dans le signe du Taureau, la vie peut parfois vous sembler lente à l'allumage ; aussi, vous devrez vous rappeler que vous êtes ici pour un bon moment. Cette combinaison ne se satisfait jamais de ce qui est gagné dans la précipitation, et ce sentiment peut teinter l'ensemble de votre vie. Mars en Taureau ne va pas se jeter dans une situation inconfortable plus d'une minute avant d'y être contraint mais, une fois qu'il y est, il y est. C'est pareil pour ce qui est de passer à l'action. Il peut choisir la route la plus longue, mais il ne déviera pas de son chemin. Si le maître de votre ascendant est Mars en Taureau, vous arriverez à destination, mais à votre propre rythme.

MARS EN BALANCE

Si votre ascendant est régi par Mars placé dans le signe de la Balance, votre meilleure défense peut souvent être une attaque incroyablement sympathique. Mars vit sur le champ de bataille. La Balance recherche la paix et l'harmonie. Avec cette combinaison, vous devrez livrer combat sans provoquer de rupture, exploit impossible auquel votre Mars en Balance ne renoncera jamais. Potentiellement trop indulgent par moments, avec Mars en Balance à la manœuvre de votre vie, vous voudrez gagner avec tout le monde. Incapable de considérer seulement vos propres intérêts, vous êtes enclin à offrir vos armes à vos adversaires. Ainsi, les limites sont un enjeu de taille pour cette position. En Balance, Mars est forcé d'opérer dans un style opposé à sa nature. Toutefois, il est capable de produire des opportunités très créatives quand il se concentre sur la justice, l'équilibre et les besoins de toutes les personnes concernées.

Guerres aquatiques : ***Mars en Cancer***

Guerrier détrempé, Mars est en chute en Cancer. Les crabes décampent de côté ; aussi, cette version de Mars est un peu plus encline à adopter une stratégie passive-agressive comme seule option de défense. Soldat mouillé, il peut subir l'humeur changeante du Cancer qui teinte ses motivations d'une confusion émotionnelle. Si votre ascendant est régi par Mars en Cancer, la direction de votre vie peut notamment impliquer de vous frayer un chemin parmi les fluctuations émotionnelles qui vous empêtrent dans des luttes internes. Vous devrez comprendre ce qui érode votre capacité à canaliser efficacement votre rage légitime afin de pouvoir établir une proximité affective honnête. Le Cancer est un signe qui cherche à créer la stabilité à travers les liens affectifs. Mars en tant que maître de votre ascendant est ainsi chargé de la tâche impossible de devoir se défendre sans rompre aucune des attaches qui lui sont chères. Comme pour tous les signes d'eau, les émotions réprimées peuvent être dangereuses. Quand il se refuse le temps et l'espace nécessaires pour mettre en lumière les sentiments dissimulés sous sa façade, Mars en Cancer peut se transformer en raz-de-marée d'énergie émotionnelle refoulée et causer la dévastation. Le but de votre vie pourra notamment consister à apprendre à être un guerrier qui se bat pour ce qui a besoin d'être protégé.

Mars dans tous les autres signes

Mars en Gémeaux (fin communicant), en Lion (figure courageuse), en Vierge (critique courageux), en Sagittaire (aventurier courageux), en Verseau (intellectuel courageux) et en Poissons (guerrier spirituel) est plutôt neutre. Naturellement, Mars manifeste son courage et son désir d'après le style du signe dans lequel il se trouve. Par exemple, Mars en Verseau fera preuve d'un puissant courage dans ses communications et d'une capacité à percer le cœur d'une pensée avec la précision d'un chirurgien.

Questions de réflexion

- Pour quoi avez-vous appris à vous battre efficacement dans votre vie ? Quels défis avez-vous rencontrés sur ce chemin ?

- À quels moments votre colère, votre passion ou votre énergie dévoyée vous attirent-elles des ennuis ? Qu'est-ce qui vous aide à rediriger cette énergie ?

- Dans quels aspects de votre vie trouvez-vous qu'il soit le plus important ou le plus efficace de mettre en œuvre votre énergie ?

- Dans quels aspects de votre vie votre esprit de contradiction est-il le mieux mis à profit ?

- Vous dit-on souvent que vous êtes courageux ? Qu'est-ce que cela vous fait ?

- Votre Mars se trouve-t-il dans un signe puissant, difficile ou neutre ? Qu'est-ce que le style du signe de votre Mars vient indiquer sur la manière dont vous suivez la direction de votre vie ?

JUPITER MAÎTRE (ASCENDANT SAGITTAIRE, ASCENDANT POISSONS)

♃

Si votre ascendant se trouve dans les signes du Sagittaire ou des Poissons, il est régi par Jupiter. Avec Jupiter comme maître de votre ascendant, votre vie est guidée par un optimisme à toute épreuve et une bienveillance à foison. Pilote porté sur la démesure, le débordement et l'exubérance, Jupiter en charge de la direction de votre vie vous fait faire les choses en grand. Le style spécifique de votre ascendant est fonction de son signe, Sagittaire ou Poissons mais, du fait qu'ils sont tous deux régis par Jupiter, c'est clairement l'optimisme qui manœuvre le navire de votre vie.

En étant guidé par Jupiter, vous avez peu de chances de connaître l'échec pur et simple, non que vous soyez capable d'accomplir tout ce que vous entreprenez, ou que l'existence vous soit juste ou indulgente, mais parce que Jupiter s'efforce toujours de vous mener à être reconnaissant, à reconnaître les opportunités dans tous les défis, et à voir les bons côtés des situations.

Le signe dans lequel se trouve votre Jupiter révèle le style spécifique avec lequel vous avancez vers le but principal de votre vie. Ci-dessous figurent les explications de Jupiter à travers les signes. Veuillez lire la description de votre Jupiter et répondre aux questions qui éveillent un écho en vous.

Capitaine fantastique : ***Jupiter en Sagittaire ou en Poissons***

En Sagittaire comme en Poissons, Jupiter est en domicile. Dans l'un comme l'autre de ses propres signes, Jupiter produit une foi inébranlable, une confiance en vous et une capacité à traverser les denses réalités que la vie met sur votre chemin. Avoir Jupiter en domicile, c'est un peu comme gagner au loto. C'est un cadeau que vous pouvez facilement prendre à la légère, car il vous a été offert par les dieux. On a souvent tendance à égarer, à abuser et à méconnaître ce que l'on a obtenu sans effort.

Les personnes ayant Jupiter dans son propre signe peuvent connaître beaucoup de chance dans leur vie, mais cela ne les dispense pas d'apprendre à créer les espaces permettant à cet astre de se manifester, et à développer suffisamment de discipline pour comprendre comment il les aide à construire une vie épanouissante et pleine de sens.

JUPITER EN SAGITTAIRE

Ici, Jupiter voit son pouvoir renforcé et peut ainsi vous aider plus facilement à concrétiser le but de votre vie. Tourné vers l'inspiration et la capacité d'agir suivant sa foi, Jupiter en Sagittaire insuffle à votre chemin de vie la bénédiction de nombreuses intuitions. Assurez-vous de les écouter. Les chevaux sauvages du Sagittaire veulent vous voir courir librement vers de multiples possibilités philosophiques. Un esprit indomptable est un esprit axé sur la vérité. Or, vous en recherchez l'expression ultime. Avec Jupiter en Sagittaire comme maître de votre ascendant, vous devrez galoper vers les expériences qui vous aident à formuler les questions les plus pertinentes. Cette position ne cessera jamais de mener votre existence vers des quêtes toujours plus enrichissantes.

Imprégné de la perspective d'aventures futures, Jupiter en Sagittaire en tant que maître de votre ascendant vous encourage à vous fier à vos visions. Sur le plan créatif, vous devrez être intrépide dans vos explorations. Vous serez guidé par une foi intarissable, mais parfois imméritée. Livré à lui-même, Jupiter en Sagittaire peut vendre la peau de l'ours avant même de l'avoir aperçu. Comme toutes les planètes dans leurs propres signes, Jupiter en Sagittaire est extrêmement fidèle à lui-même.

JUPITER EN POISSONS

Cette position créative et fertile ne connaît pas de limites. Avoir Jupiter dans son propre signe à la manœuvre de votre chemin de vie vous offre un avantage. Vous pouvez aisément devenir un générateur d'opportunités pour vous-même et pour les autres, car cette empreinte astrologique est caractérisée par une abondance débordante.

Mais l'abondance n'est pas toujours facile à gérer ou à contenir.

Cette position vous ouvre des opportunités, mais vous pouvez avoir du mal à déterminer laquelle poursuivre et éprouver encore plus de difficulté à les mener à terme. La fluidité des Poissons produit de nombreux liens affectifs et, ici, Jupiter adopte plutôt une posture de philosophe réconfortant que de guide stratégique. Vous êtes amené à vous relier à ce qui est pour vous source de sens, d'inspiration sensible et peut-être même d'éclairage spirituel. Enseignant né, Jupiter en Poissons vous incite à donner de ce que vous avez. Jupiter en Poissons fait de son mieux pour se relier à la douleur des autres, car il sait que la compassion est le plus grand précepte que l'on puisse épouser. Ainsi, l'allègement de la souffrance en toutes circonstances devient l'objectif et l'orientation de votre vie.

Eaux miraculeuses : ***Jupiter en Cancer***

En Cancer, Jupiter est exalté. Il s'agit d'une combinaison favorable qui vous prête la capacité de manifester les bénédictions que vous avez reçues. La fertilité de Jupiter est à son paroxysme dans ces eaux et, s'il est maître de votre ascendant dans cette position, vous vous distinguerez par votre capacité à donner, à concevoir des projets créatifs, et à déverser sur les autres l'excès d'optimisme et de compassion qui vous anime généralement. Jupiter en Cancer aspire à alimenter, à nourrir et à prendre soin du plus grand nombre ; aussi, s'il est à la manœuvre de votre vie, vous aurez probablement le désir de nourrir bien des êtres dénutris, au sens propre comme au figuré.

Jupiter en Cancer sait protéger son abondante force de vie pour faire émerger des créations remarquables. En tant que maître de votre ascendant, il vous permet de comprendre comment canaliser les nutriments les plus importants au service de ce que vous souhaitez développer. Vous vous distinguerez certainement par votre attachement profond à tout ce à quoi vous donnez vie.

Montagnes de détails : ***Jupiter en Gémeaux ou en Vierge***

En Gémeaux comme en Vierge, Jupiter est en position d'exil. Ici, Jupiter est en difficulté. Tandis que les signes de son domicile, le Sagittaire et les Poissons, s'attachent au tableau d'ensemble, les Gémeaux et la Vierge, signes de son exil, se focalisent sur les détails.

Si Jupiter est en charge de la direction de votre vie et qu'il est en exil, il vous faudra généralement redoubler d'efforts dans la vie. Dans ces deux signes, Jupiter a tendance à amplifier le nombre de faits, de données et de détails présents dans toute situation. Avec Jupiter en Gémeaux ou en Vierge, il peut être difficile de déterminer ce qu'est une quantité raisonnable d'informations, en quoi croire ou comment cultiver la relation à la vie simple et ouverte qui caractérise Jupiter. Jupiter en exil peut manquer de foi dans l'existence, peiner à trouver une philosophie qui fasse sens et avoir du mal à créer dans une perspective d'abondance et d'optimisme.

Comme toutes les planètes en exil, Jupiter maître de l'ascendant en Gémeaux ou en Vierge dirige la vie dans un sens qui défie toutes les attentes.

JUPITER EN GÉMEAUX

En Gémeaux, Jupiter déborde d'idées, d'opinions et d'histoires à raconter et, quand il est maître de l'ascendant dans ce signe, chacune doit trouver sa place. Cette position peut favoriser une grande curiosité et une volonté de partager ses visions et ses découvertes avec le monde. Submergé par un flot ininterrompu de faits, Jupiter en Gémeaux peut avoir du mal à entrer dans le vif du sujet, car que vaut un sujet quand vous êtes entouré de détails croustillants qui vous transportent dans des coins reculés de votre esprit ? La conséquence sur la direction de votre vie c'est que, délibérément ou non, vous avez tendance à vous laisser distraire. Encombré par des fragments de vérité, Jupiter en tant que maître de l'ascendant peut vous faire sortir de votre trajectoire. Il vous faudra apprendre à redresser le cap, tel un muscle à développer. Ce faisant, vous obtiendrez une force phénoménale et saurez clairement comment suivre une direction riche et satisfaisante dans la vie.

JUPITER EN VIERGE

En Vierge, l'optimisme de Jupiter est souvent cassé par des critiques constantes. La Vierge est un signe qui s'empêtre dans les détails et, en tant que maître de votre ascendant à cet endroit, Jupiter peut vous faire amplifier toutes les impuretés, failles et imperfections qui vous tourmentent. Votre capacité à trouver des solutions et des stratégies peut être submergée par des phobies. En Vierge, l'aptitude naturelle de Jupiter à créer des possibilités dans des situations difficiles est limitée. En tant que maître de votre ascendant, cette position augmente votre appétit pour le travail, faisant de vous une force de zèle mais, si vous êtes trop focalisé sur les détails, vous aurez du mal à produire quelque chose d'abondant en tant que tel.

Vous pouvez avoir l'impression de manquer de chance mais, en changeant de perspective, vous verrez que la croissance se fait pas à pas. Avec Jupiter en Vierge, vous pouvez vous sentir dévalorisé dans les cercles universitaires, spirituels ou philosophiques mais, si vous recherchez la compagnie de personnes présentes dans des espaces alternatifs où vos philosophies sont appréciées, vous en tirerez une grande satisfaction – cela pourrait même constituer le sens de votre vie.

Croissance prudente : ***Jupiter en Capricorne***

En Saturne, Jupiter est en chute. Comme toutes les planètes en chute, Jupiter subit dans ce signe un certain manque de respect. En tant que maître de votre ascendant à cet endroit, il peut vous pousser à vivre vous aussi cette expérience dans certaines situations ou au début de la vie. Entravée par le style austère du Capricorne, la planète qui pilote votre existence vous conduit à vous méfier de la croissance et de l'expansion, bien que ces dimensions fassent clairement partie de la direction de votre vie. Ici, Jupiter est plus sceptique, prudent dans sa dépense d'énergie et réticent à risquer sa réputation de peur d'être ridiculisé. De ce fait, il crée une tension naturelle dans votre capacité à grandir, à développer vos idées et à guérir conformément aux besoins de votre existence. Jupiter peine à trouver l'entrain qu'il incarnerait autrement et, en tant que maître de votre ascendant, il peut vous mener à vous interroger sur la difficulté d'arriver à vos fins.

Jupiter en Capricorne dispose toutefois d'un système d'équilibre des pouvoirs, ce qui n'est pas le cas de Jupiter en position de domicile. En Capricorne, Jupiter ne se laisse pas duper par la nature éphémère de la roue de la fortune. Il préfère avoir la satisfaction de ses accomplissements bien mérités plutôt que dépendre de la chance et de ses fluctuations. Cette position vous pousse à comprendre comment le travail assidu peut rencontrer l'opportunité et, à ce moment-là, à savoir quelles portes vous êtes sûr de pouvoir franchir.

Jupiter dans tous les autres signes

Jupiter en Bélier (expansion courageuse), en Taureau (croissance régulière et génératrice), en Lion (expansion par l'expression de soi), en Balance (harmonie abondante), en Scorpion (expansion profonde) et en Verseau (idées expansives) est plutôt neutre. Naturellement, dans tous ces signes, Jupiter crée des opportunités de croissance et d'expansion d'après le style du signe dans lequel il se trouve. Par exemple, Jupiter en Balance emploie votre capacité à vous lier aux autres et à amorcer des relations comme un moyen de créer votre chance.

Questions de réflexion

- Dans quels aspects de votre vie êtes-vous capable de foi ou d'optimisme inépuisable ? Quelles portes cela vous ouvre-t-il ?

- Dans quels aspects de votre vie est-il important pour vous d'être expansif ? Quels obstacles rencontrez-vous à cela ? De qui ou de quoi recevez-vous l'injonction de vous faire plus petit ?

- Êtes-vous une source d'inspiration pour les autres ? Quelles remarques vous fait-on à ce sujet ? Qu'est-ce que cela vous fait ?

- Dans quels aspects de votre vie avez-vous tendance à en faire trop ? Comment en êtes-vous venu à accepter ce côté de vous ? Y a-t-il un équilibre à trouver ?

- Les projets sur lesquels vous travaillez sont-ils souvent de grande ampleur ou de grande portée ? Quand deviennent-ils écrasants ?

- Votre Jupiter se trouve-t-il dans un signe puissant, difficile ou neutre ? Qu'est-ce que le style du signe de votre Jupiter vient indiquer sur la manière dont vous suivez la direction de votre vie ?

SATURNE MAÎTRE (ASCENDANT CAPRICORNE, ASCENDANT VERSEAU)

♄

Si votre ascendant est en Capricorne ou en Verseau, il est régi par Saturne. Avec Saturne comme maître de votre ascendant, votre vie est guidée par la retenue, le sens des responsabilités et le besoin d'accomplir quelque chose qui soit digne de vos efforts et de votre travail assidu. Exigeant le meilleur de vous, Saturne en tant que maître de votre ascendant ne veut rien de moins qu'une existence qui vous mène à la maîtrise de vous-même, à l'autonomie et aux honneurs durement gagnés. Parfois, avec Saturne comme maître de l'ascendant, il faut attendre un certain âge pour se sentir à l'aise dans la vie. En tant que planète qui gouverne l'âge, l'autorité et la maturité, Saturne exige que vous passiez du temps à vous développer.

Étant la planète la plus lointaine qui soit visible à l'œil nu, Saturne a une propension à la distance, voire au détachement, mais ce n'est pas par insensibilité. Avec Saturne comme maître de votre ascendant, vous pouvez vous plaire dans votre solitude, car celle-ci vous permet d'accomplir votre travail, mais cela ne signifie pas que vous n'ayez pas besoin des autres.

Saturne est enclin à la distinction et au discernement ; aussi, à moins qu'un autre élément de votre thème ne vienne contredire cette tendance, votre vie sera menée dans un style qui implique un certain déni de soi. Dire non est un message puissant mais, quand vous vous dites non à vous-même injustement, cette sévérité peut se répercuter sur le reste de vos relations. Avec Saturne comme maître de votre ascendant, vous devrez apprendre quoi refuser et quoi autoriser. Vos « oui » viendront plus facilement quand vous saurez quelles sont les limites à faire respecter fermement et lesquelles peuvent être assouplies.

Ci-dessous figurent les explications de Saturne à travers les signes. Veuillez lire la description de votre Saturne et répondre aux questions qui éveillent un écho en vous.

Maître de cérémonies : **Saturne en Capricorne ou en Verseau**

En Capricorne et en Verseau, Saturne est en domicile. Le maître de votre ascendant placé dans son propre signe indique une certaine force et une direction claire dans la vie. C'est un appui sur lequel vous pouvez vous reposer dans les moments difficiles et qui, si vous vous reliez à lui, ne vous abandonnera jamais. S'accepter radicalement, c'est savoir à quoi s'allier et quoi interrompre et analyser.

Saturne dans son propre signe est une ressource à votre disposition. Il apporte notamment l'autodiscipline, une faculté d'analyse poussée et une capacité à endurer l'inconfortable pour atteindre l'admirable. Saturne ne recherche pas la gratification immédiate et, avec cette planète à la manœuvre de votre vie, vous gagnerez à adopter la même approche. Pensez à ce que vous pouvez développer sur des dizaines d'années. Pensez à ce qui peut vous apporter le genre de satisfaction qui pénètre au plus profond de vos os. Pensez à ce sur quoi vous pourriez passer une vie à travailler, peu importent les hauts et les bas, et qui serait digne de votre énergie, de votre passion et de votre quête.

SATURNE EN CAPRICORNE

En tant que maître du Capricorne, Saturne est le gardien des traditions. Si votre ascendant est régi par Saturne en Capricorne, il est important que vous sachiez quelles traditions vous souhaitez perpétuer et lesquelles il serait structurellement préférable d'abandonner. Ici, Saturne sait combien il est important de comprendre la forme, la signification et la logique de toute chose dans son origine. En tant que maître de votre ascendant, Saturne aspire à vous faire connaître pour votre capacité à manifester vos désirs dans le monde physique à travers la discipline, la création de structures et une éthique de travail solide, stable et fiable. Plus vous vous reliez à ces attributs à votre propre façon, plus vous vous sentirez aligné avec le but de votre vie. Si Saturne est le maître de votre ascendant, la dernière chose que vous voudriez que l'on dise de vous, c'est que vous n'êtes pas disposé à faire de votre mieux.

SATURNE EN VERSEAU

En Verseau, Saturne apprend toutes les règles par cœur pour pouvoir les transgresser efficacement au besoin. Le Verseau n'est pas désordonné. Ce n'est pas un rebelle sans cause. Son intellect est exigeant. En tant que maître de votre ascendant, Saturne veut vous voir incarner ces qualités. Il vous faudra vous opposer à un système, mais pas sans mesure, ni considération. Saturne vous pousse à apprendre comment redistribuer et décentraliser le pouvoir. Le Verseau est doué pour l'observation. Avec Saturne comme maître de votre ascendant, vous pouvez vous distinguer par votre détachement intellectuel, mais vous devez absolument veiller à percevoir les situations sous le plus d'angles possibles si vous souhaitez suivre la direction de votre chemin de vie.

Style avisé : **Saturne en Balance**

En Balance, Saturne est exalté et, en tant que maître de votre ascendant, il vous fera connaître pour votre maturité et votre constance. En vous distinguant par votre aptitude au travail assidu, à la discipline et à la prise de décisions prudentes mais bien considérées, vous pouvez devenir un maître juste et respecté dans votre art. Saturne en Balance fait de vous une autorité accessible, vous donne un style sympathique et vous mène à rechercher la justice dans les structures que vous construisez ou au sein desquelles vous travaillez. Ce maître de l'ascendant vous aide à faire des distinctions sans être désobligeant et à vous faire reconnaître pour votre approche juste et équitable.

Capitaine Bourriquet : **Saturne en Cancer ou en Lion**

En Cancer et en Lion, Saturne est en exil. Comme toute planète en exil, Saturne peine à trouver sa voie dans ces signes. Généralement, il est assez simple d'avoir son ascendant régi par la planète associée à la retenue et à la maîtrise de soi. Pourtant, quand cet astre est perturbé, vous pourriez vous demander que faire de votre sagesse ou pourquoi celle-ci n'est pas appréciée. Tout ce qui intéresse Saturne, c'est de garder le contrôle mais, dans ces signes, ce n'est pas si évident. Vous devrez redoubler d'efforts. Vous devrez travailler pour gagner le respect auquel vous aspirez, même si vous le méritez déjà en réalité. Les blessures à l'ego et les bleus à l'âme peuvent être monnaie courante, mais vous ne devez pas les laisser compromettre la direction de votre vie. Ces positions peuvent vous fournir de nombreuses occasions de recevoir des leçons d'humilité et d'accomplir votre travail comme une fin en soi, pour votre propre satisfaction et pour le respect de vous-même.

SATURNE EN CANCER

En Cancer, Saturne peine à construire et à maintenir les limites qui sont utiles à la croissance. Nous devons être fermes à certains endroits mais perméables à d'autres, et Saturne en Cancer peut avoir du mal à faire la différence et susciter ainsi des problèmes de régulation émotionnelle. Vous pouvez être amené à réprimer vos émotions, de sorte à contrôler la vie. Il s'agit d'un mécanisme de défense qui, s'il est compréhensible, n'est d'aucune utilité sur le long terme. Vous pouvez aussi être enclin à vous laisser submerger par vos émotions et à être inapte ou réticent à construire les structures nécessaires pour contenir votre expérience. Les personnes dont l'ascendant est régi par Saturne ont tendance à être davantage en difficulté dans leur jeunesse. L'âge apporte une forme de confort et de sagesse dans laquelle Saturne se sent plus digne. En Cancer, la dure carapace de Saturne peut vous protéger à l'excès et vous empêcher d'absorber des réflexions pourtant importantes ou des remarques dont vous auriez bien besoin. Avec Saturne en Cancer comme maître de votre ascendant, votre posture défensive peut devenir une épine dans le pied qui nuit à votre capacité d'épanouissement. Vous devez apprendre à créer un espace pour accueillir vos sentiments sans essayer de contrôler votre vie émotionnelle. Si vous y parvenez, vous deviendrez un guide éclairé pour les autres sur leur propre chemin de guérison.

SATURNE EN LION

En Lion, signe dans lequel Saturne se trouve en exil, le donneur d'ordres est invité à remplir ses fonctions de façon spectaculaire. C'est un sentiment étrange pour cet astre réputé pour son flegme. Saturne ne recherche pas les félicitations. Cette planète aime conserver, tandis que le Lion a une énergie inépuisable à dépenser et ne veut en aucun cas minimiser son talent. Avec Saturne en Lion comme maître de votre ascendant, vous devrez trouver les façons de démontrer votre diligence, votre discipline et votre maîtrise de vous-même de sorte à attirer l'attention. Mais cette attention ne doit pas être légère ou éphémère ; Saturne veut des résultats durables. Dans le signe connu pour son approche magnanime et nombriliste de la vie, Saturne peut avoir du mal à être pris au sérieux ou s'identifier excessivement à son ego.

La principale difficulté d'une planète en exil est qu'elle est incapable d'accomplir sa mission avec aise ou comme elle est «censée» le faire. Ainsi, Saturne en exil peut vous mener à gérer l'autorité de façon différente. Vous pouvez éprouver de la difficulté à concilier le besoin de recevoir des honneurs avec le besoin de sentir que vous les avez mérités. Vous devrez veiller à ce que votre ego ne compromette pas votre intégrité.

Avec Saturne en Lion à la manœuvre du navire de votre vie, vous devez apprendre à devenir votre propre autorité – au diable les règles de la société et les normes de votre famille.

Murs de feu : ***Saturne en Bélier***

Avec Saturne en chute, vous avez du mal à trouver l'équilibre entre imposer des limites strictes et incendier tous les garde-fous. Comme toutes les planètes en chute, Saturne en Bélier se sent rabaissé. En tant que maître de votre ascendant à cet endroit, il peut vous pousser à croire que vous devez prouver votre valeur, vos capacités et votre mérite à travers la discipline et la maîtrise de vous-même. En Bélier, Saturne est confronté à des problèmes de chaleur et d'irritation. La colère est une émotion difficile à tempérer mais qui, si elle est réprimée, finit toujours par exploser. Prompt à l'action, Saturne en Bélier peut vous mener à ériger des barrières avant d'avoir entièrement inspecté ce qui est à rejeter et ce qui est à inclure. Comme toutes les planètes en chute, Saturne en Bélier vous demande de redoubler d'efforts pour saisir les nuances entre l'autodiscipline et le déni de soi. Entre la solitude et l'isolement. Entre le respect de soi et l'autosabotage. En accomplissant ce travail, vous pourrez vous approprier votre pouvoir et savoir précisément ce que vous souhaitez en faire.

Saturne dans tous les autres signes

Saturne en Taureau (maîtrise de soi à travers la patience et la persévérance), en Gémeaux (maîtrise de soi à travers le développement de l'intellect), en Vierge (maîtrise de soi à travers le discernement), en Scorpion (maîtrise de soi à travers la connexion aux mystères du sexe et de la mort), en Sagittaire (maîtrise de soi à travers la liberté personnelle) et en Poissons (maîtrise de soi à travers la discipline créative et spirituelle) est plutôt neutre. Naturellement, dans tous ces signes, Saturne érige les structures nécessaires et manifeste la maîtrise de soi d'après le style du signe dans lequel il se trouve. Par exemple, Saturne en Scorpion sait naviguer à travers les expériences émotionnelles intenses du sexe, de la mort et des rapports de force.

Questions de réflexion

- Qu'avez-vous généralement tendance à vous refuser ? Quand cela est-il utile ? Quand cela est-il nuisible ?

- Dans quels aspects de votre vie êtes-vous capable de créer des limites saines ? Dans quels aspects de votre vie avez-vous tendance à restreindre votre expérience de l'intimité ?

- Vous connaît-on comme celui qui est le plus responsable, le plus solide et le plus fiable dans la majorité des situations ? Qu'est-ce que cela vous fait ? Qu'est-ce que ce rôle vous apporte ? Qu'est-ce qu'il vous coûte ?

- Qu'êtes-vous le plus déterminé à accomplir dans la vie, quelles que soient les privations qui en résultent ?

- Que souhaitez-vous le plus maîtriser en vous-même et dans votre travail ?

- Votre Saturne se trouve-t-il dans un signe puissant, difficile ou neutre ? Qu'est-ce que le style du signe de votre Saturne vient indiquer sur la manière dont vous suivez la direction de votre vie ?

LA MAISON DU MAÎTRE DE VOTRE ASCENDANT **VERS QUEL DOMAINE DE LA VIE ÊTES-VOUS GUIDÉ ?**

Dans quelle maison le maître de votre ascendant se trouve-t-il ?

La maison dans laquelle est placé le maître de votre ascendant indique le domaine de la vie vers lequel vous êtes guidé. Si vous ne cultivez pas votre relation à cette maison, vous ne vous accomplirez pas. Rappelez-vous que Frida Kahlo était ascendant Lion. Elle avait un don indéniable pour s'exprimer par la parure. Le Lion maîtrise l'art de la performance, c'est le créateur, celui qui incarne un aspect de l'expérience humaine pour le donner à voir à tous. L'ascendant Lion de Frida Kahlo a défini la motivation de son existence : être enflammée, créativement puissante et vue. Par ailleurs, le signe de son Soleil, le Cancer, révèle qu'elle était guidée par une planète au style émotif. La maison occupée par son Soleil nous renseigne sur le domaine qu'elle devait explorer pour se relier au but de sa vie. Il s'agit de la maison XII des peines, de la perte, de la vie cachée, des secrets et de l'inconscient collectif.

À l'âge de six ans, Frida Kahlo a contracté la poliomyélite. Elle dut rester alitée pendant des mois, et sa jambe droite n'aurait jamais la même taille que sa jambe gauche. À dix-huit ans, elle subit un traumatisme physique bien plus lourd. Lors d'un accident de bus qui faillit lui coûter la vie, une rampe en acier se détacha et lui transperça le ventre, brisant sa colonne vertébrale en trois points et fracturant sa jambe droite, celle qui avait été affectée par la poliomyélite. Ses chances de survie étaient très faibles. Durant sa convalescence, elle dut porter pendant trois mois un corset de plâtre qui lui emprisonnait le corps entier. Incapable de bouger, elle fut encouragée par ses parents à se mettre à la peinture. Ils lui fabriquèrent un chevalet qu'elle pouvait utiliser au lit, lui donnèrent du matériel et installèrent un miroir pour lui permettre de réaliser des autoportraits.

La souffrance physique et émotionnelle subie par Frida Kahlo n'est pas seulement due à la position de son Soleil dans la maison XII de la peine, de l'isolement et de la perte (elle avait aussi Mars, vif et incisif, et Uranus, imprévisible et perturbateur, en opposition à son Soleil). Pour autant, l'expression de sa douleur dans son art et son écriture correspond, dans un contexte astrologique, à la direction de sa vie. Frida Kahlo a eu cette phrase devenue célèbre : « Je me peins moi-même parce que je suis si souvent seule, parce que je suis le sujet que je connais le mieux[1]. » Si le maître de votre ascendant est en maison XII, cela ne signifie pas forcément que vous

1. www.frida-kahlo-foundation.org.

soyez voué à souffrir, mais cela indique que le traitement de la souffrance – la plus humaine des conditions – est un thème central dans la direction et le but de votre vie.

Le moment est venu de choisir votre propre aventure. Passez directement à la maison dans laquelle réside le maître de votre ascendant.

MAÎTRE DE L'ASCENDANT EN MAISON I

Le corps, l'apparence, le soi, la force de vie

Si la planète qui régit votre ascendant se trouve en maison I, les thèmes associés à cette planète et tous les éléments qu'elle gouverne seront d'autant plus actifs dans votre vie. Cela s'explique par deux raisons. En premier lieu, toute planète située en maison I s'exprime de façon prépondérante dans votre identité, votre personnalité et votre être physique. En second lieu, si le maître de votre ascendant est en maison I, cela signifie qu'il se trouve dans son propre signe et qu'il est donc à même d'agir de façon franche, claire et directe. C'est une combinaison puissante, voire excessive. Le maître de l'ascendant, avec tout ce qu'il représente, est prié de s'intégrer à votre identité. Par exemple, si votre ascendant est régi par Jupiter en maison I, vous êtes appelé à mener votre existence avec optimisme et à partager votre richesse et votre abondance d'esprit. La position du maître de votre ascendant en maison I indique également que le développement de votre identité constitue l'axe principal de la direction de votre vie.

Questions de réflexion

- Étant donné la nature de la planète et le style du signe en question, quels sont les thèmes dominants que vous pouvez remarquer dans votre vie ?

- Quand vous sentez-vous vu par les autres ? Dans les moments où vous vous sentez le mieux compris, pour quoi êtes-vous reconnu ? Sur quelles parts de votre identité trouvez-vous que les gens se focalisent trop ? Cela a-t-il un lien avec la planète qui régit votre ascendant ? Est-ce parfois pesant pour vous d'ïncarner cela si fortement ?

- Quelles parts de votre personnalité sont à votre sens incomprises par le monde ? En quoi cela est-il lié à la planète qui régit votre ascendant ?

- De quelle façon avez-vous appris à repousser ce que vous ressentez comme un fardeau que l'on tente de vous imposer ? En quoi le maître de votre ascendant vous aide-t-il ou vous entrave-t-il dans cette démarche ? Par exemple, Vénus peut répugner à le faire, car c'est une planète qui cherche à créer les liens et non à les briser, mais Mars peut être plus disposé à être combatif quand c'est nécessaire.

- Pouvez-vous imaginer le maître de votre ascendant comme étant libre de s'exprimer en dehors des normes culturelles ?

MAÎTRE DE L'ASCENDANT EN MAISON II

L'argent, les actifs, les ressources, l'estime de soi

Nous avons tous quelque chose à donner à ce monde. Nous avons tous une façon d'assurer notre subsistance. Nous avons tous un talent ou une aptitude spécifique à mettre à profit. Nos actifs nous aident à nous frayer un chemin dans le monde matériel. La maison II détaille ces richesses. Si le maître de votre ascendant se trouve en maison II, il est clair que la direction de votre vie vous appelle à développer vos ressources et à apprendre à les exploiter pour subvenir à vos besoins. Cette position ne donne aucun renseignement sur l'aisance avec laquelle l'argent et les actifs viendront à vous ; cela dépend du signe occupé par le maître de votre ascendant et des aspects qu'il reçoit. Ce qui est certain, c'est que c'est un domaine avec lequel vous devez cultiver une relation pour réaliser votre pleine expression dans cette existence.

Questions de réflexion

- En quoi le but de votre vie est-il directement lié à vos actifs et à votre capacité à les développer ?

- Quel élément caractéristique de la planète qui régit votre ascendant se manifeste visiblement dans votre travail ? Par exemple, si Mars régit votre ascendant et qu'il se trouve en maison II, votre travail implique-t-il une forme de combat, peut-être au nom des autres ?

- Qu'en est-il du style du signe dans lequel est placé le maître de votre ascendant ? Par exemple, si la Lune régit votre ascendant et qu'elle est en maison II, elle se situe dans le signe du Lion. Une partie de vos revenus (maison II) provient-elle de l'assistance aux personnes (Lune) à travers la créativité et l'expression de soi (Lion) ?

MAÎTRE DE L'ASCENDANT EN MAISON III

La communication, les frères et sœurs, la famille élargie, les amis proches, la vie quotidienne et les rituels quotidiens, la maison de la Déesse

Si le maître de votre ascendant est en maison III, la direction de votre vie est tournée vers le développement des relations, des communications et des rituels quotidiens et spirituels. Plus précisément, l'écriture, l'enseignement, la diffusion d'informations, le travail avec la famille ou les amis proches, la conduite ou l'aide à la tenue de pratiques dévotionnelles, l'étude ou l'enseignement de la Déesse ou d'autres traditions religieuses anciennes antérieures au monothéisme, les déplacements (surtout au fil de la journée et dans votre quartier) et les contacts avec de nombreuses personnes au quotidien comptent parmi les activités qui vous donnent la sensation d'être sur votre chemin.

La maison III est le lieu où la Lune est en joie. Si, par exemple, vous êtes ascendant Cancer, la Lune est le maître de votre ascendant. Si vous avez la Lune en Vierge en maison III, alors la Lune est à la fois le maître de votre ascendant et en joie. Cela lui donne une puissance supplémentaire et la pleine capacité d'accomplir sa mission. La Lune est toujours forte en maison III, que votre ascendant soit ou non en Cancer mais, si elle a aussi la maîtrise de votre ascendant, c'est une bénédiction digne d'être soulignée.

Questions de réflexion

- Dans quelle mesure votre énergie de vie est-elle dirigée vers la communication, l'écriture, l'enseignement ou les voyages ? En quoi votre vie est-elle façonnée par ces activités ?

- Quels rôles vos frères et sœurs, vos amis et votre famille élargie jouent-ils dans la direction de votre vie ? Êtes-vous très affecté par les vicissitudes qu'ils traversent ? Est-ce qu'ils dictent le cours de votre vie d'une façon ou d'une autre ? Êtes-vous en partenariat avec eux ?

- Travaillez-vous au sein de communautés ou de quartiers, ou y êtes-vous impliqué de façon importante ?

- Votre vie est-elle axée sur des rituels, en particulier spirituels ? Êtes-vous généralement celui qui apporte les rituels ou la spiritualité dans la vie des autres ?

- Quel élément caractéristique de la planète qui régit votre ascendant se manifeste visiblement dans vos communications ? Par exemple, si Vénus régit votre ascendant et qu'elle se trouve en maison III, êtes-vous connu pour votre aptitude à transmettre les messages en douceur ?

MAÎTRE DE L'ASCENDANT EN MAISON IV

Les fondements de toutes choses, les ancêtres, le foyer, la famille, les parents

Avec le maître de votre ascendant en maison IV, la manière dont vous créez votre foyer dans sa dimension physique et esthétique, les personnes avec qui vous le créez et la façon dont vous perpétuez les traditions de votre peuple comptent énormément pour vous. Si le maître de votre ascendant est placé à cet endroit, un ou plusieurs de ces enjeux aura une place prépondérante dans la façon dont vous allez manifester la direction de votre vie. Vous pouvez vous heurter à la question de savoir comment honorer les traditions familiales et votre lignée sans rester bloqué dans le passé. Apprendre à concilier l'engagement à votre famille et la capacité de rompre les liens avec les aspects de votre histoire qui ne vous soutiennent pas peut constituer l'un des thèmes principaux de votre vie.

Quand on néglige sa maison IV, on a du mal à construire des structures durables dans sa vie. Quand on néglige sa vie intérieure, on a du mal à bâtir une vie extérieure épanouissante. Si vous pouvez creuser dans le passé et mettre au jour sa signification, guérir ses blessures et comprendre votre contribution singulière aux lignées dont vous êtes issu, alors vous aurez plus de chances de forger une relation saine avec le présent.

Questions de réflexion

- Qu'est-ce que la nature de la planète qui régit votre ascendant vient indiquer sur votre relation avec votre famille proche ou avec votre famille en général ?

- Que vous sentez-vous appelé à honorer et à perpétuer dans votre lignée ? De quoi ressentez-vous le besoin de vous détacher ?

- Éprouvez-vous parfois de la difficulté à faire les choses différemment des membres de votre famille ou à satisfaire leurs espoirs pour votre vie ou votre avenir ?

- Quel élément caractéristique de la planète qui régit votre ascendant se manifeste visiblement dans votre vie familiale ? Par exemple, si Jupiter régit votre ascendant et qu'il est en maison IV, avez-vous hérité d'un certain bienfait, d'une abondance ou d'une forme de spiritualité de votre famille ? L'un de vos parents est-il hors du commun ? S'il s'agit d'une planète plus difficile, comme Mars, l'un de vos parents était-il audacieux ou courageux ? Le traitement du préjudice ou le déracinement jouent-ils un rôle important dans le but de votre vie ?

MAÎTRE DE L'ASCENDANT EN MAISON V

Les enfants, l'énergie créative et érotique, le plaisir, l'amusement, le romantisme, le sexe

Nous créons tous notre vie chaque jour. À travers vos actes, vos paroles, vos accords et vos décisions, vous créez constamment votre existence. Si le maître de votre ascendant est en maison V, votre énergie créative et la façon dont vous la manifestez deviennent des sujets centraux et des domaines fondamentaux dans votre vie. Avec le maître de votre ascendant à cet endroit, votre vie est dirigée vers la mise en œuvre consciente et délibérée dans le monde de l'énergie qui vous a été donnée.

Traditionnellement connue comme la maison des enfants, cette zone du thème indique la fertilité. Si le maître de votre ascendant s'y trouve et qu'il est placé dans un signe fort, votre vie sera probablement gouvernée par la capacité génératrice. Le maître de l'ascendant en maison V aspire généralement à produire. Du fait que les enfants étaient considérés comme des bénédictions nécessaires dans le monde ancien, la maison V est également réputée être l'endroit de la bonne fortune.

Ceci est la maison dans laquelle Vénus est en joie. Ici, Vénus, planète du plaisir, de l'énergie érotique et de tout ce qui est amusant et agréable, sait prendre du bon temps. Si vous êtes ascendant Taureau ou Balance et que votre Vénus est en maison V, elle est d'autant plus puissante, car elle s'y sent tout à son aise. La vie est alors dominée par la beauté, le désir et l'amusement.

Questions de réflexion

- En quoi l'art, la créativité et l'expression de soi dominent-ils votre vie ?

- En quoi le travail avec les enfants, pour les enfants ou le fait d'avoir des enfants vous aident-ils à incarner le but de votre vie ?

- Êtes-vous connu comme le boute-en-train de service, comme quelqu'un qui sait s'amuser ou comme quelqu'un qui sait s'attirer la chance ?

- Votre bonne fortune vous empêche-t-elle parfois de vous dépasser, de travailler dur ou de traverser les difficultés ?

- Quel élément caractéristique de la planète qui régit votre maison I se manifeste visiblement dans votre relation à la créativité ? Par exemple, si la Lune régit votre maison I et qu'elle se trouve en maison V, êtes-vous connu comme quelqu'un qui cultive les projets créatifs ou qui prend soin des enfants ? Travaillez-vous dans le domaine de la santé reproductive ?

MAÎTRE DE L'ASCENDANT EN MAISON VI

Les projets professionnels, les habitudes de travail, les horaires de travail, les animaux domestiques, les questions de santé, les accidents, la maladie

Avec le maître de votre ascendant en maison VI, c'est à travers votre vie professionnelle et vos routines de travail que vous trouverez du sens à votre existence et que vous vous accomplirez personnellement.

Dans l'astrologie traditionnelle, cette maison est associée à l'esclavage, à l'abus de main-d'œuvre et à la traite des êtres humains. Le travail et son exercice peuvent dominer votre énergie, votre temps et votre attention. Vous pouvez éprouver de la difficulté à trouver l'équilibre dans ce domaine. Les personnes les plus proches de vous peuvent devoir collaborer avec vous sur le plan professionnel pour faire partie de votre monde. Il peut parfois vous être difficile de vous détendre et de vous reposer, car vous avez tendance à être plus à l'aise avec la productivité qu'avec la poursuite du plaisir et du lien. À ce titre, la recherche de conditions d'emploi justes et équitables peut être un aspect important de votre parcours et de votre existence.

C'est aussi le lieu des animaux domestiques et du bétail. Avec le maître de votre ascendant à cet endroit, vous pouvez avoir une affinité pour les animaux ou travailler avec eux.

Comme il s'agit de la maison de la maladie, certains individus ayant le maître de leur ascendant en maison VI sont amenés soit à travailler avec les personnes qui vivent avec la maladie, chronique ou autre, soit à la subir eux-mêmes d'une façon déterminante dans leur existence.

Questions de réflexion

- Votre vie est-elle orientée vers un travail dans les services de soin, dans l'industrie thérapeutique ou avec les personnes en difficulté à la suite de problèmes de santé ?

- Le travail a-t-il une place importante dans votre identité personnelle ?

- Avez-vous tendance à vous surmener ou à vous identifier excessivement à votre travail ?

- Avez-vous parfois l'impression de manquer de pouvoir dans votre situation professionnelle ?

- Travaillez-vous avec des personnes qui ont subi ou qui subissent l'oppression sur leur lieu de travail ?

- Quel élément caractéristique de la planète qui régit votre maison I se manifeste visiblement dans vos projets professionnels ? Par exemple, si Mercure régit votre maison I et qu'il se trouve en maison VI, votre vie professionnelle est-elle largement tributaire de votre capacité à communiquer, à traduire, à écrire, à enseigner ou à vendre ?

MAÎTRE DE L'ASCENDANT EN MAISON VII

Les partenariats basés sur l'engagement, le mariage, les relations d'affaires, les clients, les ennemis déclarés

Avec le maître de votre ascendant en maison VII, les relations engagées, les partenariats d'affaires et les leçons que ces liens apportent sont extrêmement importants pour le but de votre vie. Les planètes situées en maison VII sont plus actives qu'ailleurs, du fait de la puissance de cette maison (les maisons I, IV, VII et X sont les plus fortes). Les expériences que traversent vos partenaires ont une influence manifeste sur votre existence. Étant donné le pouvoir de vos liens, vous devez veiller à vous engager envers les personnes capables d'être de bons partenaires, de bons amis, des vecteurs de changement et des catalyseurs pour vous. C'est ainsi que vous pourrez voir vos besoins comblés et vous aligner à ce qu'il y a de plus bénéfique pour vous.

Il peut arriver que les autres prennent parfois trop de place dans votre vie. Quand le maître de la maison I se trouve en maison VII, cette planète est par défaut en exil. En effet, la maison VII est opposée à la maison I, et toute planète placée à l'opposé de son propre signe siège dans un territoire contraire à sa nature. Cela appelle la question suivante : si votre vie est toujours dirigée vers les activités d'un autre, avez-vous tendance à perdre de vue vos propres besoins ? Ici, il est d'autant plus important de rechercher les relations qui vous semblent le plus alignées avec votre but, car c'est en vous associant aux autres que vous l'accomplirez.

Questions de réflexion

- En quoi vos relations les plus importantes ou vos partenariats engagés ont-ils affecté la direction de votre vie ?
- Avez-vous souvent tendance à délaisser vos propres besoins pour satisfaire les autres ?
- Êtes-vous mû par la volonté de trouver des partenariats qui vous permettent de réaliser ce que vous ne pouvez pas faire seul ?
- Qui dans votre vie vous aide à contacter et à activer le but de votre vie ?
- Qu'est-ce que vos partenariats importants vous ont enseigné sur la façon de prendre soin de vous ?
- Lesquels de vos partenariats vous ont apporté la réussite, la célébrité ou la reconnaissance ?
- Quel élément caractéristique de la planète qui régit votre ascendant se manifeste visiblement dans vos relations engagées ? Par exemple, si Saturne régit votre maison I et qu'il se trouve en maison VII, avez-vous tendance à attirer des partenaires responsables, fiables, engagés, critiques, éclairés ou émotionnellement distants ? Avez-vous tendance à projeter votre autorité sur eux, faisant d'eux des donneurs d'ordres plutôt que de prendre la responsabilité de votre vie et de vos choix ?

MAÎTRE DE L'ASCENDANT EN MAISON VIII

Les collaborations, l'argent et les actifs des autres, les héritages, la mort, les angoisses, le deuil

Le maître de l'ascendant en maison VIII oriente votre vie vers des collaborations importantes. Les personnes ayant cette position peuvent devenir des producteurs, des gestionnaires, des banquiers ou des comptables de talent et réussissent généralement bien dans toute situation qui leur permet de faire connaître le produit ou la ressource d'un autre dans le monde.

Comme il s'agit aussi de la maison de la mort, du deuil et de la perte, le maître de l'ascendant en maison VIII peut vous mener à travailler avec ces aspects difficiles de la vie. Conseiller en deuil, doula de fin de vie, expert en santé mentale, thérapeute, exorciste, praticien de la régression dans les vies antérieures et toute autre profession qui entre en contact avec le monde des esprits, voilà autant de métiers tout trouvés pour ces individus.

Vous avez aussi pu vivre des expériences de mort imminente ayant contribué à définir votre vie et à vous placer sur un chemin de sens ou de compréhension. La mort de vos proches, surtout de personnes qui ont changé votre existence, est aussi associée à cette position.

Questions de réflexion

- Votre vie est-elle orientée vers le travail collaboratif ? Dans cette démarche, que devez-vous apprendre sur votre contribution au groupe ? Qu'apprenez-vous à recevoir ?

- Faites-vous appel à l'argent, aux actifs ou aux ressources des autres ? Si oui, où se trouve votre pouvoir dans cette situation ?

- Votre travail est-il en grande partie axé sur les financements, les subventions ou les prêts (que vous donnez ou recevez) ?

- Vous sentez-vous relié au monde des esprits, à l'au-delà ou à la mort et à son processus ?

- Quelles expériences de mort imminente ont façonné la personne que vous êtes et changé le cours de votre existence ?

- Quel élément caractéristique de la planète qui régit votre ascendant se manifeste visiblement dans votre travail ? Par exemple, si le Soleil régit votre maison I et qu'il se trouve en maison VIII, brillez-vous dans les collaborations ? Vous reconnaissez-vous dans les côtés plus mystérieux de la vie ?

MAÎTRE DE L'ASCENDANT EN MAISON IX

Les voyages, l'enseignement, l'édition, la philosophie, le droit, la spiritualité, la religion, l'astrologie, la maison de Dieu

Si vous avez le maître de votre ascendant en maison IX, votre vie est dirigée vers la poursuite du sens. Ici, vous recherchez l'aventure, aspirez à la connaissance et au savoir, et devrez pratiquer l'enseignement, l'apprentissage, et la diffusion de vos idées dans le monde. En maison IX, les planètes sont mues par la volonté de recueillir les éclairages de l'expérience. Que vous entrepreniez ou non des études supérieures, un diplôme ou un certificat, le processus d'apprentissage sera toujours source d'inspiration pour vous.

Du fait de la qualité spirituelle associée à la maison IX, si vous y avez le maître de votre ascendant, vous pourriez vous sentir attiré, ou alors repoussé, par certaines coutumes ou institutions religieuses. Quelle qu'en soit votre expérience, elle sera déterminante pour façonner votre vie.

Questions de réflexion

- Êtes-vous quelqu'un qui vit dans un autre pays que celui dans lequel vous êtes né ?
- Les voyages donnent-ils du sens à votre vie ?
- L'enseignement vous permet-il de vous relier à quelque chose de significatif ?

- Passez-vous une grande partie de votre vie dans des établissements universitaires ?

- Votre vie est-elle mue par la quête de la vérité, de la sagesse et du sens ?

- Quel élément caractéristique de la planète qui régit votre maison I se manifeste visiblement dans vos études, dans vos conceptions du monde, dans votre travail éditorial et dans vos voyages ? Par exemple, si Vénus régit votre maison I et qu'elle se situe dans votre maison IX, étudiez-vous ou enseignez-vous les études de genre, les études des femmes, l'histoire des LGBT ou toute autre discipline en rapport avec ces sujets ?

MAÎTRE DE L'ASCENDANT EN MAISON X

La carrière, la vie publique et les fonctions professionnelles

Si le maître de votre ascendant est en maison X, vous êtes amené à exercer des fonctions professionnelles et des rôles dans la vie publique. La maison X est l'une des plus puissantes du thème, et toute planète qui s'y trouve est visible et active dans votre vie. C'est la partie du thème qui représente votre image publique et, si le maître de l'ascendant y est présent, cela signifie que votre vie est en partie axée sur la poursuite de vos talents dans des sphères professionnelles.

C'est par le biais de votre carrière et de vos fonctions sur la scène publique que vous rencontrerez vos plus importants combats, triomphes et accomplissements. Peu importe que votre public soit nombreux ou limité. Ce qui compte, c'est de relever le défi, de poursuivre vos rêves et de prendre votre place dans le monde. C'est à travers vos rôles dans la vie publique que vous pourrez vous relier à votre but et ce sont des aspects de la vie que vous ne devriez pas fuir, car c'est certainement là que vous trouverez votre épanouissement.

Questions de réflexion

- La poursuite de votre carrière prend-elle beaucoup d'énergie dans votre vie ?
- Avez-vous beaucoup de relations orientées autour de votre carrière ou de votre vie publique ?
- Quels sont vos rôles les plus importants sur la scène publique ?
- La poursuite de votre carrière se fait-elle au détriment de quelque chose dans votre vie ?
- Qu'est-ce que la poursuite de vos fonctions professionnelles ou de vos rôles publics vous aide à comprendre sur vous-même ?
- Quel élément caractéristique de la planète qui régit votre ascendant se manifeste visiblement dans votre travail ? Par exemple, si Jupiter régit votre maison I et qu'il se trouve en maison X, êtes-vous éducateur ? Avez-vous des fonctions importantes, étendues ou spirituelles dans la sphère publique ?

MAÎTRE DE L'ASCENDANT EN MAISON XI

La collectivité, les soutiens, les mécènes, les espoirs et les rêves pour l'avenir, la bonne fortune à travers les réseaux

Avec le maître de votre ascendant en maison XI, la direction de votre vie est en grande partie liée aux réseaux, aux mouvements et aux organisations auxquels vous vous associez. Ici, vous êtes amené à développer votre rôle au sein des groupes dont vous vous sentez le plus proche. Pour certains, cela sera aisé ; pour d'autres, difficile ; pour la plupart, un mélange des deux. L'idée principale à retenir ici, c'est que vous devez établir une relation consciente avec les groupes auxquels vous apportez votre énergie.

Avec le maître de votre ascendant en maison XI, il est également important de vous placer en bonne compagnie. Si le groupe se dirige vers une ligne qui ne vous convient pas, vous devez absolument le quitter. Comme cette position peut à la fois influencer le collectif et être influencé par lui, il est important de vous associer à des pairs qui encouragent activement votre croissance, qui vous mettent au défi de progresser et qui vous donnent l'inspiration de rêver sans limites.

La maison XI est aussi le lieu où nous avons la chance de nous unir à ceux qui nous aident à trouver l'amour, le travail et le sens de notre vie. Si le maître de votre ascendant est en maison XI, les amis, les alliés et la communauté sont probablement pour vous des sources de chance. Les amis vous présentent des gens importants et vous invitent dans les espaces, les lieux et les partenariats qui contribuent de façon monumentale à votre existence. La qualité de l'aide que vous recevrez dépend naturellement du type de planète concernée et de sa position dans votre thème.

Questions de réflexion

- En rétrospective, quels rôles sociaux, quelles dynamiques de groupe et quels projets collectifs ont été les plus marquants dans votre vie ?

- Quelles opportunités ont émergé grâce aux amitiés qui ont contribué à façonner la personne que vous êtes ?

- En quoi sentez-vous que la direction de votre vie est guidée par vos rôles sociaux et par les collectifs que vous rejoignez ?

- Quel élément caractéristique de la planète qui régit votre maison I se manifeste visiblement dans votre communauté, dans vos groupes d'amis et dans vos espoirs et rêves pour l'avenir ? Par exemple, si Mars régit votre maison I et qu'il se trouve en maison XI, constatez-vous que vous êtes attiré par les personnes qui se mobilisent pour une cause ? L'activisme fait-il partie intégrante de votre vie ? Avez-vous tendance à être attiré par le travail en groupe tout en y éprouvant de la difficulté du fait de votre grande indépendance ? Vous retrouvez-vous souvent dans des relations communautaires litigieuses ?

MAÎTRE DE L'ASCENDANT EN MAISON XII

La vie secrète, la solitude, les secrets, les peines, l'autodestruction, l'énergie créative renfermée dans notre douleur

Si le maître de votre ascendant se trouve en maison XII, la direction de votre vie sera axée sur la mise au jour des secrets d'une situation ou sur l'exercice d'un travail dans l'ombre. La maison XII est le lieu où les choses sont cachées. Elle englobe toutes les institutions dans lesquelles une société place, abrite ou dissimule ses membres qui en ont été exilés ou qui, pour toutes sortes de raisons, sont incapables de s'y intégrer. Les systèmes carcéraux, les centres de désintoxication, les hôpitaux et les établissements psychiatriques figurent tous en maison XII. On y trouve également les incubateurs de créativité, les studios, les chambres noires et tous les espaces permettant de créer dans la solitude.

La maison XII désigne la peine, la difficulté et la douleur de la psyché. La présence du maître de la maison I en maison XII peut souvent mener à l'autosabotage et à l'autodestruction. Avec cette position, vous devrez apprendre à briser ces schémas pour pouvoir rencontrer les autres aspects de cette maison. Si vous vous accordez un espace pour démêler et mettre au jour les traumatismes que vous portez, vous trouverez une source d'énergie créative profonde.

Questions de réflexion

- Avez-vous besoin de passer du temps seul et dans des incubateurs pour vous relier à votre énergie créative ? Ce temps est-il important pour vous ?

- Votre travail exige-t-il que vous vous retiriez de votre vie sociale et de vos rôles dans cette sphère ?

- Êtes-vous plus à l'aise à l'arrière-plan ou en coulisses que dans la lumière ?

- Avez-vous été confronté aux établissements psychiatriques ou au système carcéral ?

- Quel élément caractéristique de la planète qui régit votre ascendant se manifeste visiblement dans votre vie intérieure, dans votre travail dans l'ombre et dans votre histoire personnelle ? Par exemple, si Vénus régit votre maison I et qu'elle se trouve en maison XII, êtes-vous attiré par le travail avec les femmes, les fems et les personnes non conformes dans le genre en souffrance à cause de l'oppression systémique ? Êtes-vous quelqu'un qui déterre les récits oubliés ou cachés de femmes et de personnes non conformes dans le genre ? Avez-vous la sensation d'avoir souffert personnellement de la violence patriarcale et de genre ? La présence d'une planète bénéfique comme Vénus ou Jupiter en maison XII peut aussi indiquer un don à cet endroit, qui allège la difficulté de cette maison à certains égards.

LA SUITE

Comme tout ensemble de connaissances, l'astrologie doit être pleinement assimilée pour pouvoir être pratiquée, et cela prend du temps. Ainsi, nombre de personnes peuvent éprouver une certaine frustration devant la quantité écrasante d'informations contenues dans leur thème natal. Dans cet ouvrage, nous avons examiné les fondements de votre thème, et j'ai l'espoir que vous vous sentez désormais un peu plus assuré dans vos observations et dans vos interprétations.

Quand les trois clés ne sont pas en place, le reste du thème peut sembler nous échapper complètement mais, une fois que nous les détenons, nous pouvons nous ancrer dans un certain contexte. Dès lors que nous saisissons combien la signification de notre thème est liée à la position des Luminaires (le Soleil et la Lune), de l'ascendant et du maître de l'ascendant, nous sommes en mesure de comprendre pourquoi certaines choses dans notre vie ont été faciles et d'autres non.

Après avoir suivi les étapes de ce livre, vous pourrez rapidement repérer s'il reste d'autres planètes en dehors des trois clés. Toutes les planètes qui ne sont pas en relation avec le Soleil, la Lune, l'ascendant ou son maître ont malgré tout des renseignements importants à vous fournir, mais ils prennent (en général) un rôle de second plan dans la pièce de votre vie[1].

Puisque nous avons passé beaucoup de temps avec Maya Angelou et Frida Kahlo, deux personnes qui ont eu un impact culturel hors du commun, il est important de souligner qu'elles ont incarné une forme d'archétype qui nous est offerte en miroir de nous-mêmes. Leur travail témoigne de leur expérience spécifique de façon universelle. Leur thème natal illustre à la fois l'expression personnelle du but de leur vie et l'influence caractéristique qu'elles ont eue sur leur communauté, leur champ professionnel et le monde dans son ensemble.

Maya Angelou et Frida Kahlo ont rendu le monde meilleur par leur présence, et leur vie reste une ressource à explorer ainsi qu'une base à consolider sur les plans politique, culturel et artistique. Nous ne connaîtrons peut-être pas tous le même niveau de célébrité ou de maîtrise de notre art, mais nous laissons tous une empreinte dont nous ne pouvons jamais prendre la mesure. À travers le prisme de l'astrologie, nous pouvons comprendre combien il est important de suivre le chemin tracé devant nous – sachant que son impact nous échappe totalement et, d'ailleurs, ne nous regarde pas. L'analyse des thèmes de Maya Angelou et de Frida Kahlo est facilitée par le

---

1. Il y a dans le système traditionnel d'autres maîtres qui ne sont pas mentionnés ici mais qui sont importants pour déterminer la qualité et la direction d'une vie.

fait que les archétypes des planètes y figurant se sont manifestés si clairement dans tout ce qu'elles ont fait et dans tout ce qu'elles ont laissé. L'étude de leur vie, de leurs choix et de leur thème peut nous aider à appréhender les nombreuses façons dont les planètes créent l'infrastructure de notre existence. Au sein de cette infrastructure, nous avons la liberté de choix, mais l'ossature ne peut être changée.

La consultation d'un astrologue de renom est la prochaine étape importante sur votre parcours. Quand une personne compétente dans sa pratique ouvre un espace pour nous refléter notre cheminement, une forme de guérison se produit naturellement. Je continue à consulter Demetra George une fois par an et je le ferai tant qu'elle voudra de moi. Cette consultation d'une heure est un complément important à ce que je sais déjà. Elle ajoute toujours du contexte et de la profondeur aux événements de ma vie, qui m'échappent lorsque j'analyse moi-même mon propre thème.

Toutefois, nul ne me connaît aussi bien que moi et, de ce fait, c'est à moi qu'il revient de découvrir comment mettre en application les renseignements que tout astrologue peut me donner. La consultation de professionnels qualifiés est importante et bénéfique pour votre apprentissage et votre guérison, mais vous seul pouvez plonger réellement dans votre thème. Telle une carte géographique, votre thème vous révèle les endroits où aller pour trouver la régénération, la stimulation, l'activation et la satisfaction.

Je souhaite vous voir déchiffrer puis vous approprier la signification, l'impact et le pouvoir de votre thème. Je peux vous y aider, ainsi que d'autres astrologues mais, en définitive, c'est à vous qu'il appartient de l'explorer tout au long de votre vie.

C'est après avoir compris les particularités de mon thème que j'ai réussi à m'engager pleinement dans le travail qui était le mien. C'est littéralement parce que j'ai refusé de continuer à ignorer mes talents que j'en suis venue à écrire ce livre. Après avoir passé des années à douter de la pertinence de mon lien à l'astrologie et à l'écriture en général, j'ai pu reprendre mon énergie et la rediriger vers les possibilités créatives qui m'attendaient, et qui m'attendent toujours. J'ai l'espoir que ce livre vous aidera à faire de même.

REMERCIEMENTS

J'ai eu la chance d'étudier auprès de nombreux enseignants formidables au cours de ma vie, des personnes qui sont entrées dans mon monde au moment précis où j'avais besoin de leurs instructions. Je suis la somme de leur attention, de leur protection et de leur amour. Toute sagesse que j'ai pu cultiver est issue du labeur émotionnel, intellectuel et spirituel qu'ils m'ont offert, et ce livre n'aurait jamais été écrit sans eux.

À ma mère, Teo Nicholas, dont la joie de vivre et l'énergie inépuisable m'apportent un soutien indéfectible. Je le ressens à chaque instant et je l'apprécie infiniment.

À mon père, Tony Nicholas, qui m'a toujours payé pour interpréter le thème de tout le monde. Merci d'être mon premier client et un défenseur de ma profession. C'est de toi que j'ai appris la valeur du travail – peut-être un peu trop bien.

À ma sœur, Lyndi Nedelec, qui a un cœur en or, une voix d'ange et une faculté de prendre soin des autres comme j'en connais peu. Merci de toujours m'aimer exactement telle que je suis, comme seule une petite sœur en est capable. Tu m'as aidée à guérir certaines de mes peines les plus profondes.

Cass, ta capacité à observer mon parcours, à contenir mon histoire et à me la refléter avec tant de soin, de clarté et d'humour est l'un des plus grands cadeaux de ma vie. Je ne serais pas la personne que je suis aujourd'hui sans toi. Merci de m'avoir dit combien l'énergie de la pièce se transformait chaque fois que je parlais d'astrologie. Tu m'as aidée à m'y fier, tu m'as aidée à m'y relier, tu m'as aidée à construire un foyer dans ce monde pour mon être adulte et professionnel tout en ne quittant jamais des yeux mon être intérieur. Ce que j'ai appris dans mes séances avec toi apparaît en filigrane dans tous les horoscopes que j'aie jamais écrits et dans tous ceux que j'écrirai. Si les gens aiment ce travail, ils t'aiment aussi, comme moi je t'aime.

Keri Lassalle, tu as cru en moi dès le début. Tu ne m'as jamais laissée oublier qui je suis et combien ce travail est sacré. Quand je n'avais plus aucune foi en moi-même, j'ai emprunté un peu de la tienne, et cela m'a permis de continuer.

Eliza Melody Walter, tu es la meilleure amie que j'aie jamais eue. Tu as dans mon cœur une place que personne d'autre ne pourrait occuper. Merci de toujours me voir. Merci pour un million de longues soirées à discuter d'un milliard de choses fascinantes. Nos conversations sont pour la vie et j'en tire un réconfort et une joie inestimables.

Ulrike Balke, merci d'avoir accepté mes biscuits maison en paiement de séances de reiki pendant la majeure partie d'une décennie. Tu m'as toujours ouvert un espace où démêler mes sentiments, ressentir mon corps et honorer mon processus. Ta sagesse et tes conseils ont été une ancre à laquelle je me suis accrochée dans les moments de turbulence et de confusion. Je souhaite à tous d'avoir une marraine spirituelle comme toi.

Demetra George, il y a des personnes qui passent leur temps ici sur Terre si profondément plongées dans un ensemble de connaissances, avec ou sans la reconnaissance de leurs efforts, qu'elles en viennent à faire partie intégrante de la lignée elle-même.

Tu es de ces personnes.

Tu es une astrologue de premier ordre. Une mythologue. Une universitaire. Une maîtresse de ton art. Décortiquant des textes anciens qui feraient pleurer d'exaspération la plupart d'entre nous devant les œuvres fastidieuses et parfois mal traduites de nos ancêtres astrologiques, tu as la patience nécessaire pour écouter et déchiffrer les voix de notre passé, et nous en rapporter l'essence.

Tu es une enseignante d'enseignants.

En étudiant avec toi, je me suis reliée à une histoire dont j'ignorais qu'elle me faisait défaut. En étudiant avec toi, je me suis reliée à des techniques qui ont éclairci non seulement mon art, mais le but de ma propre vie. En étudiant avec toi, j'ai pu comprendre les messages simples, précis et clairs de mon thème. Cela faisait vingt-six ans que je le regardais fixement et je n'étais toujours pas sûre de ses instructions spécifiques. Jusqu'à ce que je te rencontre, je ne pouvais pas voir la vérité en face – ou dans le ciel.

Tout ce que j'ai appris à bien faire en tant qu'astrologue résulte de tes efforts inlassables pour m'enseigner, ainsi qu'au monde, la beauté et la sagesse profondes de l'astrologie. J'ai pour toi une gratitude éternelle, et je suis toujours reconnaissante pour chaque moment passé en ta compagnie.

ANNEXE 1
TABLEAU DES SIGNES, SYMBOLES, MODES, ÉLÉMENTS ET MAÎTRES PLANÉTAIRES

SIGNE	MODE	ÉLÉMENT	MAÎTRE PLANÉTAIRE
♈ **BÉLIER**	*Cardinal*	*Feu*	♂ *Mars*
♉ **TAUREAU**	*Fixe*	*Terre*	♀ *Vénus*
♊ **GÉMEAUX**	*Mutable*	*Air*	☿ *Mercure*
♋ **CANCER**	*Cardinal*	*Eau*	☾ *Lune*
♌ **LION**	*Fixe*	*Feu*	☉ *Soleil*
♍ **VIERGE**	*Mutable*	*Terre*	☿ *Mercure*
♎ **BALANCE**	*Cardinal*	*Air*	♀ *Vénus*
♏ **SCORPION**	*Fixe*	*Eau*	♂ *Mars*
♐ **SAGITTAIRE**	*Mutable*	*Feu*	♃ *Jupiter*
♑ **CAPRICORNE**	*Cardinal*	*Terre*	♄ *Saturne*
♒ **VERSEAU**	*Fixe*	*Air*	♄ *Saturne*
♓ **POISSONS**	*Mutable*	*Eau*	♃ *Jupiter*

ANNEXE 2

TABLEAU DES PLANÈTES, SYMBOLES, SIGNES DE DOMICILE, SIGNES D'EXIL, SIGNES D'EXALTATION ET SIGNES DE CHUTE

PLANÈTE	DOMICILE	EXIL	EXALTATION	CHUTE
☉ SOLEIL	*Lion*	*Verseau*	*Bélier*	*Balance*
☾ LUNE	*Cancer*	*Capricorne*	*Taureau*	*Scorpion*
☿ MERCURE	*Gémeaux* *Vierge*	*Sagittaire* *Poissons*	*Vierge*	*Poissons*
♀ VÉNUS	*Taureau* *Balance*	*Bélier* *Scorpion*	*Poissons*	*Vierge*
♂ MARS	*Bélier* *Scorpion*	*Taureau* *Balance*	*Capricorne*	*Cancer*
♃ JUPITER	*Sagittaire* *Poissons*	*Gémeaux* *Vierge*	*Cancer*	*Capricorne*
♄ SATURNE	*Capricorne* *Verseau*	*Cancer* *Lion*	*Balance*	*Bélier*

ANNEXE 3
LES MAISONS

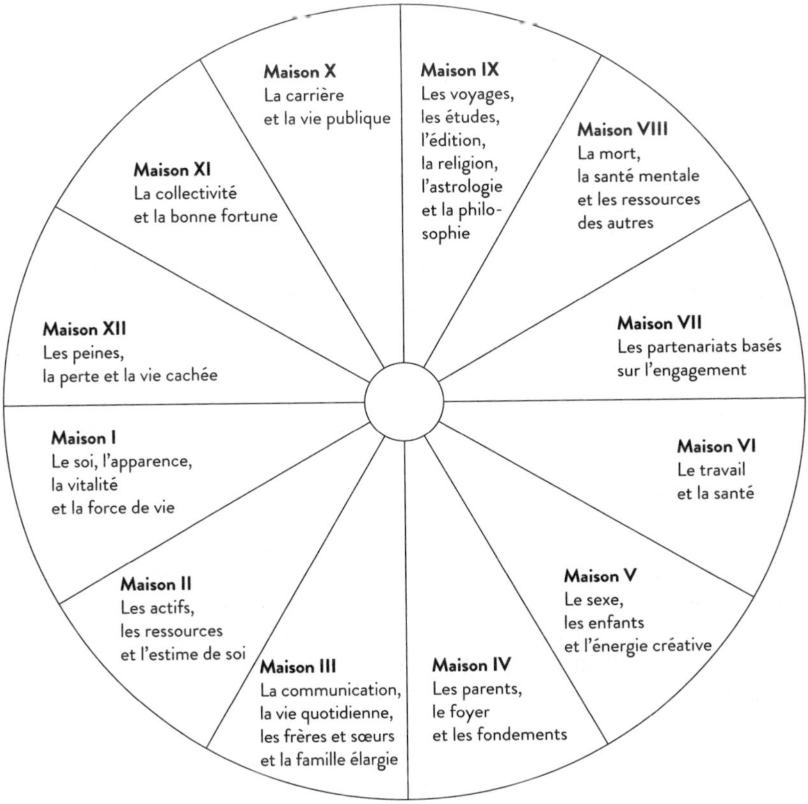

ANNEXE 4
AIDE-MÉMOIRE SUR LES ASPECTS

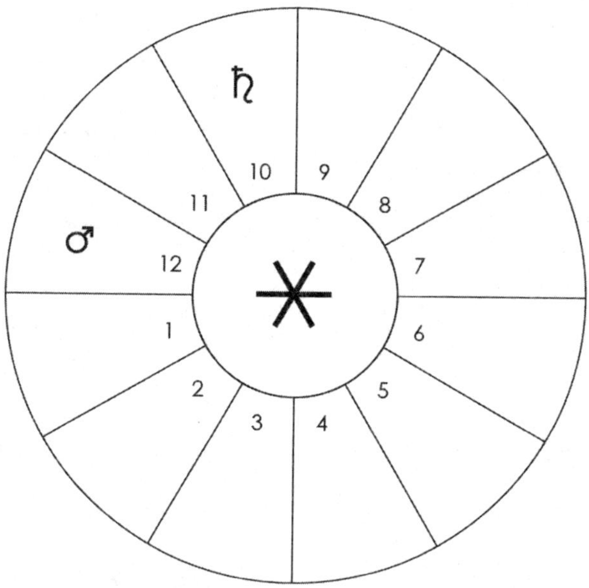

Les planètes placées dans des maisons formant entre elles un angle de 60 degrés sont dites « en sextile ».

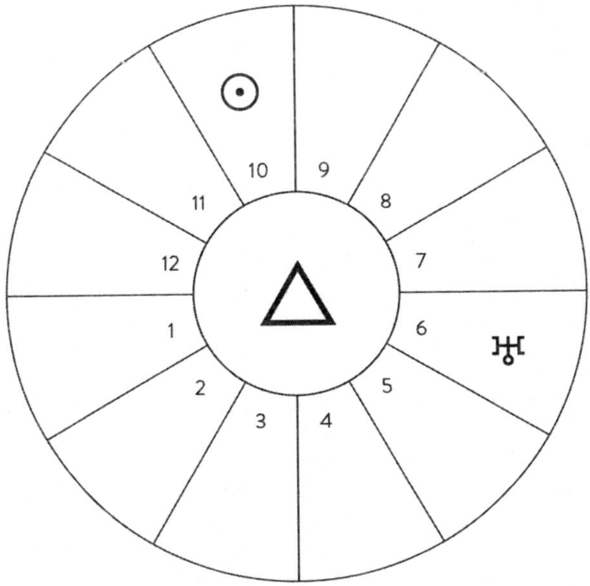

Les planètes placées dans des maisons formant entre elles un angle de 120 degrés sont dites « en trigone ».

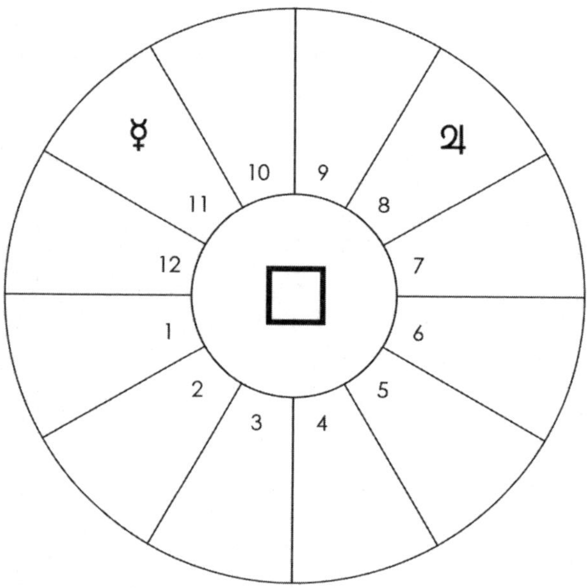

Les planètes placées dans des maisons formant entre elles un angle de 90 degrés sont dites « en carré ».

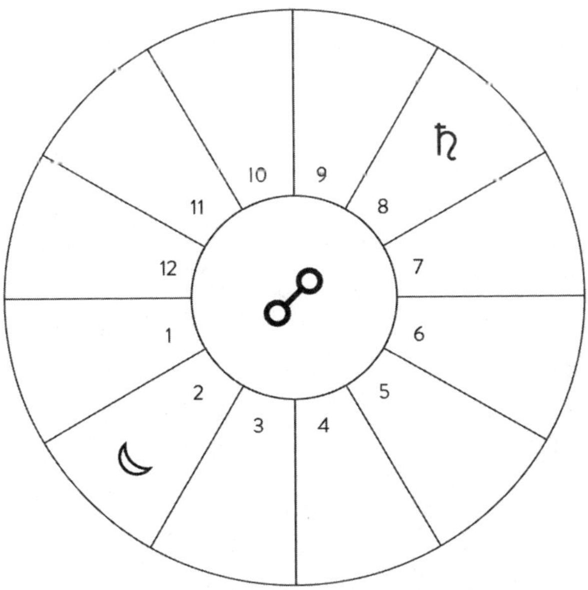

Les planètes placées dans des maisons formant entre elles un angle de 180 degrés sont dites « en opposition ».

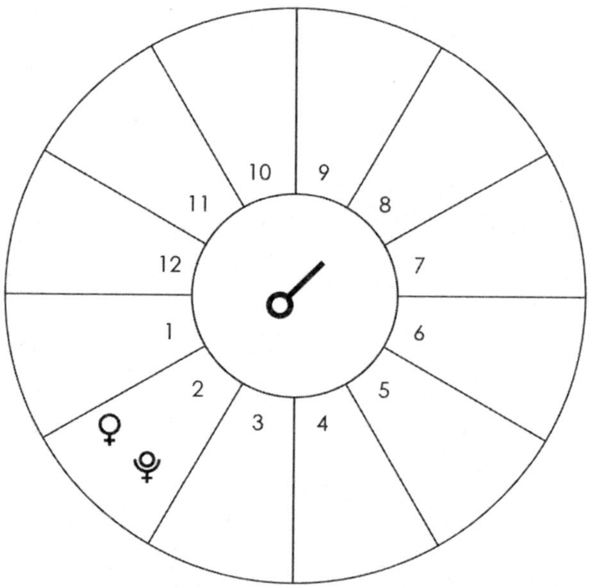

Les planètes placées dans la même maison sont dites « conjointes ».

ANNEXE 5

LES THÈMES DE MAYA ANGELOU ET DE FRIDA KAHLO

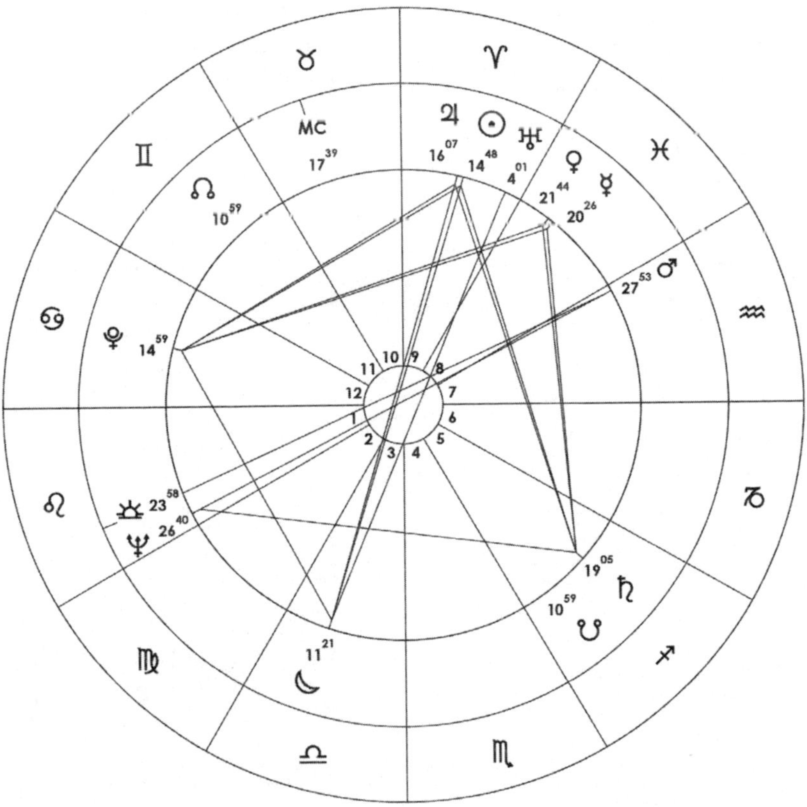

LE THÈME NATAL DE MAYA ANGELOU

Date et heure de naissance : *4 avril 1928 à 14 h 10.*
Lieu : *Saint-Louis, Missouri, États-Unis.*

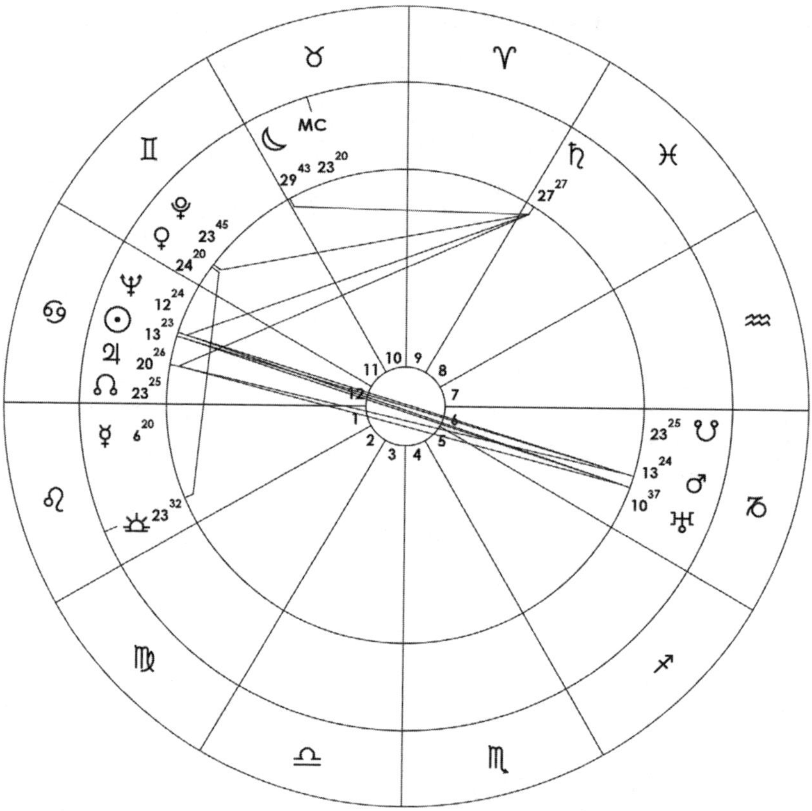

LE THÈME NATAL DE FRIDA KAHLO

Date et heure de naissance : *6 juillet 1907 à 8 h 30.*
Lieu : *Coyoacán, Mexico, Mexique.*

TABLE DES MATIÈRES

Achevé d'imprimer en juillet 2021
sur les presses de la Nouvelle Imprimerie Laballery
58500 Clamecy
Dépôt légal : juillet 2021
Numéro d'impression : 107240

Imprimé en France

La Nouvelle Imprimerie Laballery est titulaire de la marque Imprim'Vert®